Die Antwortfee und andere Ermutigungs- geschichten

Märchen und Geschichten nach
Rudolf Dreikurs

Herausgegeben von Theo Schoenaker
und Britta Seeler-Kreimeyer

Herder

Freiburg · Basel · Wien

Gedruckt auf umweltfreundlichem,
chlorfrei gebleichtem Papier

Originalausgabe

Alle Rechte vorbehalten – Printed in Germany
© Verlag Herder Freiburg im Breisgau 1998
Herstellung: Freiburger Graphische Betriebe 1998
Umschlaggestaltung: Joseph Pölzelbauer
Umschlagmotiv: © Hermann Bausch
ISBN 3-451-04647-4

INHALT

5

DIE ANTWORTFEE

Es war einmal ein Mädchen. Es war noch nicht ganz erwachsen, aber auch kein Kind mehr. Das Mädchen war oft traurig. Es dachte, daß niemand es so richtig lieb hätte. Es konnte auch nichts so richtig gut. Es war nicht wirklich schön, nicht ganz häßlich zwar, aber eben auch nicht richtig schön. Es war auch nicht musikalisch – es sang zwar in einem Chor, aber immer nur in der zweiten Reihe, nie bekam es einen Solopart. Es war auch nicht sehr sportlich, ein bißchen, aber eben nicht richtig. Wenn in der Schule die Mannschaften gewählt wurden, dann war sie immer bei den letzten, die aufgerufen wurden. Sie war nie die letzte, aber sie hatte immer Angst, zum Schluß noch da zu stehen. Sie war recht gut in der Schule, aber sie hatte kein Fach, in dem sie überragend gewesen wäre. Alles in allem fiel sie nie besonders auf. Und deshalb war sie oft traurig. Sie dachte, wenn sie irgend etwas besonders gut könnte, dann würden alle auf sie aufmerksam werden und sie liebhaben.

Eines Tages ging sie spazieren. Es war ein wunderschöner Tag mitten im Frühling. Sie ging über eine Wiese, die übersät war mit bunten, duftenden Blumen. Dazwischen tanzten übermütig die Schmetterlinge, die gerade aus ihren Kokons geschlüpft waren. Die Rosenknospen brachen auf und verströmten einen betörenden Duft. Aber das Mädchen bemerkte von all dem gar nichts. Sie ging trübsinnig und ganz in Gedanken versunken den Weg entlang und sah nur nach unten auf ihre Füße.

Beinahe hätte sie die leuchtende Gestalt am Wegrand auch gar nicht bemerkte. Es war eine junge Frau, nicht älter als sie es war. Sie war ganz in helle, seidige Gewänder gehüllt, die ihre zarte Figur im Wind umspielten. Sie war so strahlend, daß das Mädchen meinte, sie wäre sogar nahezu durchsichtig. Die junge Frau lächelte sie aufmunternd an. Das Mädchen rieb sich die Augen. „Wenn ich an Märchen glauben würde, dann würde ich meinen, eine Fee zu sehen", dachte es bei sich. Und obwohl sie nichts gesagt hatte, antwortete die junge Frau: „Du hast recht, ich bin wirklich eine Fee."

Das Mädchen war außer sich vor Freude. „Jetzt habe ich bestimmt drei Wünsche frei. Ich werde mir wünschen, märchenhaft schön, wahnsinnig musikalisch und unheimlich beliebt zu sein!" Die Fee antwortete wieder, ohne daß das Mädchen irgend etwas laut gesprochen hätte. „Liebes Mädchen, ich bin keine Wunschfee, wie du gehofft hast. Aber ich habe etwas anderes für dich. Ich bin nämlich eine Antwortfee. Eine Antwortfee kann dir auf jede Frage, die du stellst, die richtige Antwort geben. Und weil heute ein so besonders schöner Tag ist, will ich dir drei Fragen gewähren. Überlege gut, was du wirklich wissen willst, denn drei Fragen sind nicht alle Fragen, die das Leben mit sich bringt."

Das Mädchen war sehr enttäuscht. Da begegnet man einmal im Leben einer Fee und dann so etwas. Eine Antwortfee ... – noch nicht mal eine richtige Wunschfee. „Ich bin eben ein Pechvogel", dachte sie.

Aber dann fiel ihr doch eine Frage ein. „Sag mir bitte, liebe Fee, warum kann ich nicht so gut singen, wie meine drittbeste Freundin? Sie bekommt in unserem Chor immer den Solopart, ich werde nie gefragt!" Die Fee zögerte nur kurz und antwortete dann: „Das mag schon sein. Aber hilfst du nicht dieser Freundin oft bei den Hausaufgaben? Gerade in Mathematik und den anderen Naturwissenschaften kommt sie oft zu dir und fragt dich. Du konntest immer all ihre Fragen beantworten."

Ja, das stimmte, was die Fee gesagt hatte. Sie half der Freundin wirklich oft bei den Hausaufgaben, und sie lernten gemeinsam für die Klausuren. Ihr fiel plötzlich ein, wie gut sie sich immer fühlte, wenn die Freundin begriffen hatte, was sie ihr zu erklären versuchte. Und sie war regelrecht stolz, wenn die Freundin auch eine gute Prüfung abgelegt hatte. Daß sie eigentlich gerne musikalisch gewesen wäre, hatte sie ganz vergessen.

Dann fiel dem Mädchen noch etwas ein. „Wenn du jede Frage beantworten kannst, dann sag mir doch, warum ich nicht so beliebt bin wie meine zweitbeste Freundin? Sie kann so lustig erzählen, daß ihr immer alle zuhören und ganz begeistert von ihr sind!" Wiederum überlegte die Fee nicht lange und erwiderte: „Das mag schon sein. Aber mögen dich nicht alle Kinder sehr? Immer wenn du zu Kindern kommst, dann hängen sie sofort an deinem Rockzipfel. Du schaffst es, sie zum Lachen zu bringen, und dir fallen die schönsten Spiele ein."

Das Mädchen wurde nachdenklich. Es stimmte wieder! Wenn die Kinder vor Freude und Spaß jauchzten und sie übermütig umarmten, fühlte sie sich so angenommen und gebraucht. Wie glücklich sie dann immer war. Langsam begriff das Mädchen, was die Fee ihr eigentlich mitteilen wollte.

Dann fiel ihr noch eine dritte Frage ein. „Was ich schon immer wissen wollte: Warum bin ich nicht so schön wie meine beste Freundin? Alle Jungs sehen immer nur ihr hinter her – manchmal pfeifen sie sogar!" Die Fee dachte kurz nach und sagte dann: „Das mag schon sein. Aber ist da nicht der blonde Junge aus deiner Klasse, der dich manchmal so ganz vorsichtig beobachtet? Er ist sicher etwas schüchtern, aber er lacht so freundlich. Und wenn du ihn um etwas bittest, dann freut er sich richtig, dir helfen zu können."

Das Mädchen lächelte. Sie verstand nun wirklich. Den blonden Jungen hatte sie nie beachtet, weil er genauso unscheinbar war wie sie selbst. Sie hatte immer gedacht, sie mußte einen ganz besonderen Freund haben, um mit ihm aufzufallen. Aber eigentlich war das doch gar nicht so erstrebenswert.

Das Mädchen blickte sich um und bemerkte, wie schön der Tag war. Sie sah all die Blumen und Schmetterlinge und ihr war, als wäre sie auch eben aus einem Kokon geschlüpft. Als sie der Antwortfee danken wollte, war sie nicht mehr da. Das Mädchen war nicht traurig darüber – sie war dankbar, die Fee überhaupt getroffen zu haben. Und eigentlich war sie richtig glücklich, daß die Fee keine Wunschfee, sondern eine Antwortfee gewesen ist.

Sie überlegte, was sie nun als nächstes tun wollte und beschloß, gleich den blonden Jungen zu fragen, ob er ein Eis mit ihr essen gehen würde – schließlich war es ein so schöner Tag ...

Birgit Daniell

DAS FREMDE MÄDCHEN

In dem kleinen Dorf, in dem wir lebten, waren nicht alle glücklich und zufrieden. Da war zum Beispiel der Bäcker, der schon sehr früh aufstehen mußte, um unser Brot zu backen. Er schaute immer ziemlich grimmig und war vor allem auf den Metzger nicht gut zu sprechen. Die beiden hatten vor langer Zeit einen bösen Streit und lebten seither in Unfrieden miteinander. Ihrer gab es sehr viele bei uns im Dorf. Wenn donnerstags Markt war und sich alle auf dem Marktplatz trafen, konnte man die Zwietracht unter ihnen förmlich greifen. Natürlich gab es in unserem Dorf auch nette Menschen; aber diese wollten mit den anderen nichts zu tun haben, und so sah man sie nur selten.

In unserer Familie hatte mein Vater das Sagen. Er war sehr streng, und wir Kinder hatten großen Respekt vor ihm. Nichts konnte man ihm recht machen. Ich lag manchen Abend lange wach und grübelte darüber nach, was zu tun sei. Aber ich fand keine Lösung. Er würde sich nicht ändern. Selbst die Leute aus dem Dorf machten einen großen Bogen um ihn, wenn er mit grimmigem Gesicht lauten Schrittes durch die Gassen ging.

Dabei hätten wir alle so glücklich sein können. Das Dorf lag ganz idyllisch, umgeben von Wäldern, Wiesen und Feldern, und mittendurch floß ein kleiner, murmelnder Bach. Unsere Häuser hatten bezaubernde Gärten. Wir Kinder liebten die Spiele unter freiem Himmel und gingen, so oft wir nur konnten, hinaus in den Wald oder an den kleinen Bach.

Eines Tages kam ein fremdes Mädchen in unser Dorf. Sie war kaum älter als wir und schien doch ganz allein unterwegs zu sein. Niemand wußte, woher sie kam; auch konnte niemand sagen, wo sie des Nachts blieb, wenn wir in unsere Häuser gingen, um zu schlafen. Aber jeden Morgen war sie wieder da.

Sie sah nicht außergewöhnlich aus, trug Kleider ähnlich den unseren und hatte langes, zu Zöpfen geflochtenes Haar wie fast alle Mädchen im Dorf. Aber es gab etwas Außergewöhnliches an ihr: Sie hatte einen ganz besonders liebevollen Blick und eine so wunderschöne Stimme, daß man glaubte, ein Engel spräche, wenn sie den Mund öffnete. Sie lächelte uns freundlich an, und sogleich spürten wir ihre Wärme und Güte. Weder der Bäcker noch der Metzger oder mein Vater konnten sie einschüchtern. Nein, sie war gerade zu diesen besonders herzlich, lobte die guten Brote des einen und den unermüdlichen Fleiß des anderen. Selbst mein Vater konnte nicht umhin, die Freundlichkeit des fremden Mädchens zu bewundern. In ganz kurzer Zeit pflanzte sie so viel Liebe in die Herzen der Menschen in unserem Dorf, daß bald alle friedlicher und liebevoller miteinander umgingen. Nur ich hatte immer noch große Angst vor meinem Vater, und manchmal glaubte ich, an dieser Angst zu ersticken.

Eines Tages, ich saß gedankenverloren im Gras am Bach, die Mücken tanzten in der wärmenden Mittagssonne, kam das fremde Mädchen auf die Wiese. Sie konnte mich nicht sehen, denn zwischen uns stand ein großer, alter Baum. Sie ging ein Stück den Bach entlang, ihre Zöpfe wippten bei jedem Schritt auf und ab, und sie sah sehr vergnügt aus. Gebückt folgte ich ihr und traute meinen Augen kaum, als sie kurz vor dem Waldrand stehenblieb, ihren Kopf zum Himmel hob, die Arme ausbreitete und sich empor in die Lüfte schwang. Vor Schreck und Verwunderung verlor ich das Gleichgewicht, plumpste zuerst ins Gras und dann mit einer ungeschickten Bewegung in den Bach. Aber ich verlor sie nicht aus den Augen und sah, wie sie höher und höher stieg, bis ich schließlich nur noch ihre wehenden Zöpfe und den weißen Rocksaum erkennen konnte. Dann verschwand sie in den Wolken. Mir war, als hätte jemand die Erde angehalten. Kein Geräusch drang an meine Ohren, alles war ganz still. Wie lange ich dort halb liegend im Bach ausgeharrt habe, erinnere ich nicht mehr. Irgendwann bin ich wie im Traum nach Hause gegangen. Dort sprach ich mit niemandem über mein Erlebnis, das mich zwar geängstigt, aber vor allem neugierig gemacht hatte.

So kam es, daß ich dem Mädchen stets folgte, wenn es auf die Wiese ging, um sich dann in die Lüfte davontragen zu lassen. Und mit der Zeit spürte ich eine tiefe Sehnsucht, es ihr gleich zu tun. Ich stellte es mir wunderschön vor, mich über das Dorf zu erheben, frei zu sein, atmen zu können, die Welt unter mir zu sehen, wie sie immer kleiner wird.

Mit diesen Gedanken und Bildern lag ich wieder einmal im weichen Gras, als ich durch eine sanfte Berührung aus meinen Träumen geweckt wurde. Ich schlug die Augen auf und schaute in das liebevolle Gesicht des Mädchens. Unwillkürlich mußte ich lächeln, so wie sie mich anlächelte, und es schien mir ganz selbstverständlich, daß sie mich an der Hand nahm und mit mir durch die Wiese zum Waldrand ging.

Sie sprach kein Wort, und doch hörte ich ihre engelsgleiche Stimme zu mir sagen: „Hab keine Angst. Was jetzt geschieht, ist etwas ganz Wunderbares, was dir neue Wege eröffnen und Frieden in dein Herz bringen wird." Obwohl ich ihre Worte nicht so recht verstand, hatte ich doch unendliches Vertrauen zu ihr. Sie stand mir gegenüber, faßte mich an beiden Händen, und ganz langsam verloren wir den Kontakt zum Boden. Wir stiegen höher und höher, und plötzlich ließ sie mich los, breitete ihre Arme wie Flügel aus und schwebte wie ein Vogel. Ich tat es ihr gleich und folgte ihr, wie von unsichtbaren Händen getragen, durch die Lüfte. Die Menschen und Häuser glichen nur mehr Spielzeugen, die Wälder und Wiesen verschwammen zu grünen Flächen, und das Blau des Baches sah aus wie eine feine, blaue Linie.

Ich spürte eine Leichtigkeit und Lebendigkeit wie noch nie in meinem Leben. Übermütig schlug ich Purzelbäume in der Luft und jauchzte vor Vergnügen, so daß sich einige Vögel im Vorbeifliegen heftig erschraken und mich mit erstaunten Augen ansahen. Ich hätte sie am liebsten umarmt, so unendlich glücklich war ich in diesem Augenblick. Alles schien so leicht und einfach zu sein. Die Welt wurde immer kleiner unter mir. Wir zogen unsere Kreise über den sieben Meeren, bis auch sie nur noch blaugrüne Flecken auf dem Erdball waren.

Wir stiegen höher und höher, bis wir schließlich das unendliche All erreichten. Wieder schien es mir, als hätte jemand die Welt angehalten und nur wir beide, das seltsame Mädchen und ich, waren da und um uns herum tausend wunderschöne, leuchtende Sterne und eine nie gekannte Stille. Wie im Traum verließ ich die mir vertraute Welt und wurde eins mit den himmlischen Kräften. Eine unbeschreibliche Zufriedenheit durchflutete meinen Körper; nichts würde mir je wieder etwas anhaben können.

Ich spürte die Blicke des Mädchens auf mir ruhen und wußte, es war Zeit, zurückzukehren. Eine unbändige Freude erfüllte mich, nach diesem Ausflug die Erde und mein Dorf und die Menschen wiederzusehen. Wie schön würde das Leben sein nach dieser unvergleichlichen Begegnung mit den Lüften, den Sternen, dem unendlichen All und der Stille.

Wir flogen langsam auf die Erde zu. Ich sah die Meere wieder, die Kontinente und dachte an die Menschen, die dort unten lebten, arbeiteten, starben und liebten. Schon bald konnte ich Städte wieder ausmachen, erkannte Kirchtürme, Berge und Täler. Und schließlich ... Wie klein ist doch der Mensch, daß man ihn erst erkennen kann, wenn man schon dicht vor ihm steht. Die Gedanken wirbelten durch meinen Kopf. Nichts wird mehr so sein, wie es war. Kraft spürte ich, Kraft für einen unbekannten Aufbruch. Meine Fußspitzen berührten die Baumwipfel; wir landeten sanft auf der großen Wiese am Waldrand. Ich legte mich ins Gras und schloß die Augen. Das Gefühl der Stille und des Friedens war immer noch in mir.

Als ich die Augen öffnete, erblickte ich Hannah, meine älteste Schwester. Sie rief mir zu: „Komm nach Hause, du Träumer. Mutter wartet mit dem Essen, und Vater fragt schon nach dir." Erst jetzt begriff ich, daß ich wieder zuhause war, hörte all die vertrauten Geräusche, das Klappern der Mühle, die Vogelstimmen, das leise Bellen der Hunde in der Ferne. Geschäftiges Treiben war aus dem Dorf zu vernehmen, alles schien wundersam lebendig und neu. Hannah nahm mich bei der Hand, und gemeinsam gingen wir durch die kleinen Gassen unseres Dorfes nach Hause.

Der Bäcker kehrte gerade zurück, traf dabei auf den Metzger, der seinen Laden geschlossen hatte. Ich konnte nicht hören, was die beiden miteinander sprachen, aber an ihrer Haltung und ihrem freundlichen Blick erkannte ich, daß die alte Feindschaft für immer begraben war.

Wir standen nun vor unserem Haus, die Mutter öffnete uns die Tür, und sogleich stiegen mir köstliche Düfte in die Nase. Mein Vater kam aus seinem Zimmer, nahm die Brille ab, und sein freundlicher Blick ruhte auf mir. Wir sahen uns an, und mir war, als sähe ich ihn zum ersten Mal.

In dieser Nacht lag ich noch lange wach, aber nicht weil Sorgen mich quälten. Leise schlich ins Zimmer meiner Schwester und legte mich zu ihr ins warme, weiche Bett. „Warum schläfst du nicht?" fragte Hannah. „Ich hätte dich vorhin vielleicht nicht wecken sollen, als du im Gras am Bach geschlafen hast." Ich drehte mein Gesicht in das helle Licht des Mondes. „Hannah, glaubst du, daß das seltsame Mädchen Wunder vollbringen kann?" „Du Träumerle! Wenn du vorhin von dem Mädchen geträumt hast, dann bewahre dir dieses Erlebnis. Aber die Menschen, denen wir in unseren Träumen begegnen, bleiben uns im Leben verborgen. Vielleicht findest du sie in deinen Träumen wieder?" Ruhig und zufrieden schlief ich ein.

Wollt ihr wissen, was aus dem fremden Mädchen geworden ist? Ich trage es stets in meinem Herzen. Und wenn ich durch die Wiesen zum Waldrand gehe und mich in die Lüfte schwinge, ist es immer bei mir.

Bettina Bügel

AUF DER SUCHE
NACH DEM SINN DES LEBENS

Ein Wanderer zog einsam durch die Lande. Tief gebückt ging er seines Weges, ohne so recht zu wissen,
wo sein Ziel war. Eines allerdings wußte er – er war
auf der Suche nach dem Leben, nach einem lebens-
werten Leben. Bisher kannte er nur Arbeit und
Pflichterfüllung, aber das hatte ihn nicht glücklich gemacht.

Während er so dahinwanderte, machte er sich viele
Gedanken. Warum hasteten die Menschen so freudlos
durch den Alltag, hetzten hierhin und dorthin; selbst
in der Freizeit waren sie immer in Eile. Keiner schien
sich Ruhe und Muße zu gönnen. Warum war es so
wichtig geworden, immer nur auf die Fehler zu achten
und sich mit großem Interesse darüber auszulassen.
Bestand der Mensch nicht aus etwas anderem als
dem, was ihm fehlte? Wer fragte schon nach dem Sinn
seines Lebens? – Er gehörte auch zu all diesen Menschen, bis er sich eines Tages aufmachte und alles
hinter sich ließ: sein Zuhause, seine Familie, seine
Freunde. Er wußte, irgendwann würde er zurückkehren, wenn er die Antworten auf seine Fragen gefunden
hätte.

Während er so seinen Gedanken nachhing, öffnete
sich der Wald, und vor ihm lag ein kleines Tal. Auf
der linken Seite sah er ein hübsches Häuschen mit einem Garten rundherum. Beim Näherkommen bemerkte der Wanderer, daß ein Mann damit beschäf-

tigt war, Unkraut zu jäten. Er rupfte hier und zupfte dort – es schien ein fast endloses Unterfangen zu sein. Und trotz des Eifers wirkte der Garten nicht besonders einladend. Es standen zwar bunt blühende Blumen und Sträucher darin, aber sie kamen in dem Arbeitseifer, den der Mann an den Tag legte, gar nicht richtig zur Geltung. Diese Unruhe kannte der Wanderer, und er zog eilig weiter.

Nach kurzer Zeit entdeckte er noch ein kleines Häuschen, wiederum mit einem kleinen Garten. Aber dieser Garten sah wundervoll aus. Die Blumen blühten in voller Pracht, von Büschen und Sträuchern eingerahmt. An einem hübsch gedeckten Tisch saß ein Mann und las in einem Buch. Als er den Wanderer bemerkte, kam er auf ihn zu und begrüßte ihn freundlich. Er bat ihn herein, um ein wenig auszuruhen und eine Erfrischung zu sich zu nehmen. Der Wanderer nahm dankend an, und nach einer Weile des Gespräches fragte er den Mann, wieso denn sein Garten so wunderbar gepflegt sei im Gegensatz zu dem anderen. Der Mann antwortete: „So habe ich es früher auch gemacht. Ich war hinter jedem Unkraut her, das ich sah. Ich fand überhaupt keine Ruhe mehr, meinen Garten zu genießen und wurde immer unzufriedener. Nichts war mir mehr recht. Es mußte sich etwas ändern. So habe ich mir überlegt, wenn sich die Blumen und Sträucher vermehren, werden sie das Unkraut zurückdrängen. Es wird mit der Zeit ganz unwichtig sein in meinem Garten. Und so war es dann auch. Die Natur regelt das von ganz allein. Ich habe ihr nur die Zeit gegeben. Und heute kann ich mich an ihrer Pracht freuen.“

Der Wanderer hatte sehr genau den Worten des Mannes gelauscht. Wie war das in seinem „Garten“? War diese Lösung nicht auch denkbar im Umgang der

Menschen untereinander? Wie einen Schatz bewahrte er diese Momente in dem kleinen Garten, bedankte sich herzlich bei dem freundlichen Mann und zog hocherhobenen Hauptes von dannen.

Roswitha Mühler-Sander

DER LEUCHTTURM

Es war einmal ein alter Leuchtturm. Er hatte seine Kindheit, seine Jugend und die Jahre des Älterwerdens in den Weiten des Ozeans verbracht.

Eines Morgens, als die Sonne wie ein großer Ball golden und strahlend am Horizont erschien und ihm von weitem schon ein freundliches Guten Tag zublinkte, da kullerten ein paar dicke Tränen an den verwitterten Backsteinen entlang, genau auf eine kleine, weiße Möwe, die sich auf einem Sims ausruhte. Sie hatte sich am Fuß verletzt und es mit letzter Kraft bis zu dem alten Leuchtturm geschafft. „Au!" schrie sie nun krächzend, als die salzigen Tränen auf die offene Wunde tropften und höllisch brannten. Sie wollte gerade losschimpfen und sich über die Unverschämtheit beschweren, doch als sie ihren Kopf hob, sah sie in das traurige, sorgenvolle Gesicht des alten Leuchtturms, und das Gezeter blieb ihr im Halse stecken. Immerhin hatte der Leuchtturm ihr das Leben gerettet, einfach weil er hier stand und es schon so lange in dieser Weite und Einsamkeit aushielt. Also schaute ihn die kleine Möwe freundlich an und erkundigte sich, warum er so traurig sei, so traurig, daß er sogar weinte. „Das ist eine lange Geschichte", erwiderte der Leuchtturm. „Und du hast sicher keine Zeit und keine Lust, sie zu hören."

Die kleine Möwe war noch ein wenig schwach, die Verletzung an ihrem Fuß schmerzte sehr, und sie fühlte sich so geborgen in den sicheren, festen Mauern des Leuchtturms ... Und diese kleinen Höhlen und Nischen überall, sie boten soviel Schutz vor Wind und Wetter ... „Ach", seufzte sie leise, denn wenn sie so darüber nachdachte, wollte sie eigentlich gar nicht mehr weg von hier. Das war der Platz, von dem sie immer geträumt hatte. Und sie träumte wieder so ein bißchen, betrachtete dabei eine kleine Nische neben sich – sie war wie ein Häuschen, wie für sie gemacht. Wieder seufzte sie ganz leise und sagte dann zum alten Leuchtturm: „Kann ich vielleicht ein paar Tage bei dir wohnen, bis es mir besser geht? Ich hab' dann auch gar keine Eile und würde gerne deine Geschichte hören. Wenn du damit einverstanden bist, kannst du ja gleich damit anfangen!" Ein kleines vorsichtiges Lächeln huschte über das Gesicht des alten Leuchtturms, und er begann zu erzählen:

Vor etwa 150 Jahren wurde ich geboren, als der Ozean noch klar und sauber war und es von Fischen und Vögeln nur so wimmelte. Ein netter, freundlicher Mensch wohnte damals bei mir – weißt du, nicht einer von diesen Menschen, die immer verschiedene Launen haben. Mal sind sie freundlich, mal böse, mal zufrieden, mal nörgeln sie nur rum. Nein dieser Mensch, der bei mir wohnte, war immer gleich. Immer ruhig, ausgeglichen und freundlich. Wir verstanden uns gut. Er setzte sich oft zu mir und erzählte von seinem Leben, bevor er hierher kam.

Ich bot ihm Schutz; bei den schlimmsten Stürmen fühlte er sich sicher und geborgen in meinen stabilen, festen Mauern. Dafür sorgte er für mich. Wenn Regen oder Sturm einen Stein aus dem Mauerwerk gerissen hatte, reparierte er es, bevor die Nässe in mein Inneres gelangen konnte.

Wir verlebten viele schöne Jahre zusammen. Aber dann geschah etwas Seltsames. Dieser Mensch veränderte sich. Er wurde immer schwächer, manchmal blieb er stundenlang im Bett liegen und jammerte, weil ihm die Knochen so weh taten. Er sagte zu mir, er sei jetzt schon sehr alt und würde wohl nicht mehr lange leben. – Stell dir vor, er war gerade erst 80 Jahre alt! – Eines Tages stand er gar nicht mehr auf, er sprach nichts mehr, er jammerte nicht mehr, und seine Augen blieben geschlossen. Er ging auch nicht mehr ans Funktelefon, und am nächsten Tag holten ihn die Menschen vom Festland ab. Er schaute mich nicht mal mehr an, als sie ihn raustrugen. Die Menschen sagten, er sei tot, und sie hätten jetzt niemanden mehr, der hier so alleine leben wolle. Sie würden den Leuchtturm auf Elektronik umstellen. Das hatte ich noch nie gehört. Nach ein paar Tagen kamen sie wieder, und da wußte ich, was sie bedeutete, die Elektronik. Sie hämmerten und bohrten an mir herum, es war kaum zum Aushalten. Dann fuhren sie wieder weg, und seitdem bin ich alleine. Alle paar Wochen kommt irgendein Mensch und schaut, ob die Elektronik noch in Ordnung ist und schimpft, wenn ein Stein oder ein Fenster locker ist. So alt und kaputt wäre ich eigentlich zu nichts mehr zu gebrauchen. Gerade gestern ist wieder so ein Mensch hier gewesen und hat gesagt: ‚Na, lange wirst du nicht mehr gebraucht. Du bist zu alt, wir müssen dich zu oft reparieren. Bald bauen wir einen neuen Leuchtturm aus Stahl, und dich lassen wir verfallen.‘ Die ganze Nacht habe ich nicht geschlafen. Und mit niemandem konnte ich über meine Sorgen reden. Und deshalb habe ich heute früh geweint."

Die kleine Möwe saß lange schweigend da. Was sollte sie dem alten Leuchtturm sagen, wie ihn trösten? Auch sie kannte die Menschen, und sie traute es ihnen durchaus zu, daß sie ihn verfallen lassen würden. – Plötzlich fiel ihr etwas ein. Was hatte der Leuchtturm über die Menschen noch gesagt? Sie nörgelten und meckerten nur? Und was war das, als sie vor kurzem erst bei einem schweren Sturm unter dem Dachbalken eines Hauses Schutz suchte und durch das Fenster in ein beleuchtetes Zimmer schauen konnte? Da saßen viele Menschen, bestimmt zehn, und sie sahen gar nicht böse aus. Und immer, wenn der Sturm eine Pause machte und mit dem Geheul aufhörte, konnte sie Wortfetzen aus dem Zimmer hören. Die Worte klangen ganz freundlich. Sie hörte jemanden sagen: Ich mag dein liebevolles Lächeln. Und eine andere Stimme sagte: Ich finde gut an dir, daß du so zuverlässig und hilfsbereit bist. Und die Menschen strahlten dabei.

„Vielleicht", dachte die kleine Möwe, „vielleicht versuche ich das mal bei dem alten Leuchtturm. Vielleicht strahlt er dann auch wieder?" Und die kleine Möwe begann, ihm alles zu sagen, was ihr an ihm so gut gefiel. Da war zunächst das rote, blinkende Licht und die weiße Farbe, die von weitem schon so schön leuchteten. Dann seine sicheren, festen Mauern, die Ruhe und Geborgenheit ausstrahlten. Sie sagte ihm noch, daß er so schön erzählen könne und sicherlich ein großartiger Zuhörer sei. Daß er so weise und verständnisvoll ist, und daß sie ihn brauche. Ja, sie brauche ihn, weil sie auch allein ist. Sie würde gerne bei ihm bleiben, solange, bis auch er ganz müde würde, wie der Mensch damals. Dann würde ihn das Meer aufnehmen und ihm einen Ruheplatz in der Stille seiner Tiefen gewähren.

Bis dahin allerdings, meinte die Möwe, bleibe sie bestimmt bei ihm. Vielleicht könnte sie sogar eine

Familie gründen. In den vielen Höhlen fänden ja ganze Großfamilien Platz! Es wäre bestimmt ganz lustig für den Leuchtturm, wenn lauter kleine Möwenkinder in seinen Steinen und Nischen herumtollen würden.

Als die kleine Möwe geendet hatte, war es ganz still ... Langsam kullerten wieder dicke Tränen an der Mauer herunter. Doch dieses Mal zog die kleine Möwe ihren Fuß schnell weg. Sie schaute den Leuchtturm an und war beruhigt, als sie sah, daß die Augen des alten Leuchtturms lächelten – voller Glück und Zufriedenheit.

Hannelore Raum

PRINZESSIN NULIFARS REISE

Die anmutige Prinzessin Nulifar erwachte. Es war sehr früh, und ein sonniger, heißer Tag kündigte sich an. Nulifar hatte schon seit Monaten geplant, an diesem Tag zu einem Fest zu fahren, auf das sie sich sehr freute. Sie hatte sich gut vorbereitet. Wenn da nicht gleich nach dem Aufwachen die Bedenken gewesen wären, ob sie das, was auf sie zukommt, auch alles schaffen würde ....Sie fühlte sich müde und abgekämpft.

Nulifar war nicht so eine Prinzessin, die sich dem Müßiggang hingab. Sie war aktiv und hatte viele Pflichten, die sie sehr ernst nahm und zuverlässig erledigte. Daneben war sie für viele Menschen da, immer bemüht, offen zu sein, beizutragen, etwas zu geben und zu lernen.

Seit ein paar Tagen wußte Nulifar, daß der Kutscher nicht zur Verfügung stand. Sie würde die Kutsche alleine lenken müssen, um zu dem Fest zu gelangen. Und das wollte sie. Oder? War das wohl der Grund, warum sie nach dem Aufwachen diese Bedenken spürte? Gestern wollte sie ihren Vater, den König, um Rat fragen, aber der war anderweitig beschäftigt und fest davon überzeugt: „Du wirst schon das richtige entscheiden! Und das schaffst du dann auch!"

Vor der Prinzessin lag ein langer, beschwerlicher Weg durch die sengende Sommerhitze und durch eine bedrohliche Gegend. Sie war müde, denn die Hitze der vergangenen Nächte hatte nur wenig erholsamen Schlaf zugelassen. Um noch pünktlich beim Fest anzukommen, war es schon fast zu spät ... Aber die Prinzessin wußte: Ich will zu diesem Fest! Und ich schaffe es auch! Schritt für Schritt!

Die Kutsche war angespannt. Sie fuhr los. Nach ein paar Minuten füllten sich ihre Augen mit Tränen, und Nulifar spürte die Angst in sich – Angst vor den Gefahren des Weges und der Länge der vor ihr liegenden Strecke. Und das, obwohl sie sich doch so mutig und klar entschlossen hatte, zu diesem Fest zu fahren. Auch allein.

Sie horchte in sich hinein und fragte sich: „Wieso bin ich nur so ängstlich? Ich bin doch Nulifar, die Starke, die Dankbare. Ich bin eine Blume im Garten Gottes. Und ich bin eine selbstbewußte und mutige Frau ..." Und indem sie so zu sich sprach, saß sie schon viel aufrechter auf dem Kutschbock, und die Fahrt schien gar nicht mehr so anstrengend. Sie entspannte sich zusehends und lächelte sogar zufrieden.

Sie fuhr und fuhr, und es wurde immer heißer. Dort, wo sie durch den Wald kam, genoß sie die kühlere Luft. Plötzlich fiel ihr der Drache ein, von dem man erst kürzlich im Schloß gesprochen hatte. Nulifar zuckte heftig zusammen und hoffte inständig, dem Drachen nicht zu begegnen. Weil sie aber immer weiter an ihn dachte, meinte sie immer wieder, ihn hinter der nächsten Wegbiegung auf sich zukommen zu sehen. Nulifar war sehr verunsichert. Zweifel stiegen wieder in ihr auf. „So ein Unfug!" versuchte sie sich zu beruhigen. „Warum soll der Drache gerade auf dieser Strecke im Wald sein?"

Dann begann sie, über den Drachen nachzudenken. „Was ist denn so bedrohlich an ihm, daß die

Leute so voller Frucht von ihm sprechen? Es muß doch einen Sinn haben, daß es ihn gibt", sinnierte sie vor sich hin. „Er hat sicherlich auch seine guten Seiten." Und sie beschloß: „Wenn mir der Drache begegnet, werde ich nicht leichtsinnig, aber offen sein. Vielleicht haben die Menschen ja maßlos übertrieben, und er ist gar kein Ungeheuer, sondern ganz friedfertig?"

Diese Gedanken verdrängten ihre Angst immer mehr, und nachdem sie die Pferde an einem Bach getränkt hatte, setzte sie ihre Reise beherzt fort. Irgendwann hatte sie den Eindruck, als sähe sie ein ganzes Stück weit entfernt – dort hinter den Bäumen – etwas, das wie ein Drache aussah. War es Einbildung oder Wirklichkeit? Sie winkte ganz spontan und rief: „Hallo, Drache! Hab' einen guten Tag!" Da mußte Nulifar direkt lachen über sich selbst, und sie begann, zu singen und freute sich an ihrer Stimme.

Nachdem sie viele Stunden unterwegs war, wußte sie, daß sie pünktlich ankommen würde. Die Hitze und die lange Fahrt hatten sie gar nicht so sehr ermüdet – ihre Vorfreude auf das Fest war ungetrübt. Und bei der Ankunft zeigten ihr alle Freunde, wie sehr sie willkommen war.

Während Nulifar im Kreise ihrer Freunde saß und das Fest begann, erschien der Drache noch einmal vor ihrem geistigen Auge . „Wie gut", dachte sie, „daß ich nicht aufgegeben habe. Bin richtig ein bißchen stolz auf mich. Und wie wunderbar ist es, jetzt hier dabei zu sein!" Und sie strahlte vor Glück und Zufriedenheit und war eine zauberhafte Bereicherung für das große Fest.

Andrea Köhler

DER TINTENKLECKS

In einer kleinen Stadt lebte ein Mädchen, das von seinen Eltern den wunderschönen Namen Maria bekommen hatte.

Als Maria 6 Jahre alt war, ging sie in die Schule wie alle anderen Kinder ihres Alters. Zu Beginn des ersten Schuljahres lernten die Kinder, mit einem Griffel zu schreiben. Sie malten Buchstaben auf ihre kleinen Tafeln, und wenn sie einen Fehler gemacht hatten, wischten sie ihn mit einem Schwamm weg. So einfach war das. Maria übte fleißig, denn schon bald würden sie mit einer richtigen Feder und Tinte schreiben dürfen. Alle Kinder freuten sich darauf.

Nach vielen Wochen war der Tag endlich da. Jedes Kind bekam ein weißes Blatt Papier, ein Tintenfäßchen und einen Federhalter mit einer blinkenden, goldfarbenen Feder darin. Was für ein großer Augenblick! Die Lehrerin erklärte: „Bevor ihr die Feder in die Tinte taucht, müßt ihr sie ein bißchen anlecken, dann bleibt die Tinte besser daran hängen." Schon hatte Maria die Feder zwischen den Lippen. Oh, wie herrlich so eine neue Feder schmeckte – viel besser als Kaugummi und Bonbons. Sie schmeckte nach Abenteuer und …

Vorsichtig tauchte sie die Feder in die Tinte. Aber was war das? Ein großer Klecks auf dem schönen weißen Papier! Maria hob ihren Finger, um die Lehrerin um Hilfe zu bitten. Und sie kam, nahm ein

Stück Kreide, und wie von Zauberhand verschwand die Tinte in der Kreide.

Gott sei Dank! Sauber und glatt lag das Blatt wieder vor ihr.

„Ich versuchs gleich noch einmal", dachte Maria bei sich. – Oh, nein, nicht schon wieder! Die Tinte war aber auch so flüssig und tropfte so schnell. Die Lehrerin half prompt ein zweites Mal. Wieder saugte die Kreide den dunklen Fleck in sich hinein. – Jetzt sollte es doch wohl klappen. Noch vorsichtiger begann Maria, die Feder in die Tinte zu tauchen. Sie zog den Halter aus der ... – schwupps, klecks – oh, wie ärgerlich. Aber die Lehrerin hatte ja die Zauberkreide. Nur dieses Mal ging es nicht mehr so einfach. Die Lehrerin wurde böse und schimpfte mit Maria. Sie sei unvorsichtig und ungeschickt. Sie solle Buchstaben schreiben und keine Kleckse machen. Maria war ganz durcheinander. Sie hatte sich alle Mühe gegeben, es hatte eben nicht gleich funktioniert. Sie stellte sich vor die Lehrerin und erwiderte: „Ich bin nicht ungeschickt, und ich wollte die Flecken nicht auf das Papier machen. Aber ich weiß noch nicht genau, wie es richtig geht. Ich will also üben, bis es klappt. Ich weiß, daß ich schöne Buchstaben mit der Feder schreiben kann!" Dann setzte sie sich wieder auf ihren Platz, holte ihre Buntstifte aus dem Schrank und umrahmte ihren Tintenklecks mit Blüten und Blättern. So wurde der Fleck das Herz einer wunderschönen Blume.

Fortan zeichnete Maria in Gedanken immer einen bunten Rand um ihre gemachten Fehler und schmückte auf diese Weise ihr Leben mit den prächtigsten Blumen.

Riet Verschoor

DIE TÄNZERIN

Vor langer Zeit lebte einmal eine junge Tänzerin, die über alle Maßen Sehnsucht verspürte, sich selbst zu finden. Sie wußte, daß sie schön war, weil es ihr die anderen sagten. Sie wußte, daß sie freundlich und höflich war, weil es ihr die anderen sagten. Sie wußte, daß sie anmutig und bezaubernd tanzte, weil es ihr die anderen sagten. Doch wenn sie allein in ihrem Stübchen saß, wußte sie gar nichts mehr. Und betrachtete sie sich dann im Spiegel, begann ihr Spiegelbild sogar langsam zu verschwimmen, bis sie unsichtbar war. Das erfüllte sie mit Angst und Trauer. Doch zu niemandem sprach sie von ihrem Geheimnis. So tanzte sie durch die Welt, immer auf der Suche nach sich selbst. Aber sie fand sich nicht, weder in den unzähligen Spiegeln noch im Applaus oder der Bewunderung der anderen.

Eines Tages spürte sie die Blicke eines Fremden auf sich ruhen. Und obwohl er so fremdländisch aussah, erschien er ihr sehr vertraut. Ruhig und freundlich betrachtete er ihren Tanz, und als sie ihm näher kam, fühlte sie, daß sein Blick nicht nur ihre Oberfläche streifte, sondern tief in ihr Herz drang. Ihr wurde ganz warm und wohlig. Dieses Gefühl war ihr so fremd, und sie wurde magisch angezogen von diesem Blick und dieser Nähe, die sie nie zuvor gekannt hatte. Im Spiegel seiner Augen versank ihr Körper und gab den Blick frei auf ihre Seele. Und sie erkannte im Bruchteil dieses Augenblickes, daß alles, was sie gesucht hatte, in ihrem Inneren in Hülle und Fülle vorhanden war: Güte, Schönheit, Respekt, Toleranz, Weisheit, Wärme, Mut – wie eine Schale voll glitzernder Edelsteine. Der Spiegel seiner Augen enthüllte sie und zeigte schließlich auch ihre äußere Gestalt.

Der unbändige Wunsch erfüllte sie, diesem Menschen immer nah zu sein. Sie blickte ihn an, und in seinen Augen strahlte die Antwort. Da griff er in seine Tasche und reichte ihr einen Gegenstand, der silbern, blau und eisgrau glitzerte. Es war ein Stern, dem ein zarter Duft entströmte. Er ließ ein Klingen ertönen wie 1001 Silberglöckchen. „Das Wesentliche ist für die Augen unsichtbar", flüsterte er ihr zu.

Diese Worte begleiteten die beiden auf ihrem Weg, den sie von nun an gemeinsam gingen. Und so oft die Tänzerin den Stern zur Hand nahm oder ihrem Liebsten in die Augen schaute, war sie erfüllt von dem Wissen, welchen Schatz sie in ihm und in sich gefunden hatte.

Britta Solcher-Ait-Hachim

DER KLEINE ZWERG

Es war einmal ein kleiner Zwerg. Er lebte im Wald in einem kleinen Pilzhaus. Vor dem Haus stand eine Bank. Dort saß er oft alleine und genoß die warme Sonne, wenn sie ihm ins Gesicht schien.

Eines Tages, als er so dasaß, kam ein Zauberer vorbei. Er kam vom Zirkus, der in der benachbarten Stadt gerade Station machte. Der Zauberer packte seinen Koffer mit den Zaubersachen aus und zauberte dem Zwerg etwas vor. Das gefiel dem Zwerg, und er schaute begeistert zu. Nach einer Weile verabschiedete sich der Zauberer wieder.

Sofort ging der Zwerg in sein Pilzhaus, holte seinen alten Koffer und ging damit in den Wald. Er sammelte Steine und Hölzer, Gräser und Zweige, Blätter und Tannennadeln und alles, was er so fand und legte es in seinen Koffer. Dann ging er wieder zurück und stellte den Koffer mit all den Sachen darin in sein Pilzhaus. Anschließend setzte er sich wieder auf seine Bank und genoß die Sonne.

Es wurde Herbst. Und dann kam der Winter, und der erste Schnee fiel. Der Zwerg zog sich in sein Pilzhaus zurück, denn es wurde immer kälter, und der Schnee stieg immer höher. Das kleine Pilzhaus war schließlich über und über mit Schnee bedeckt, so daß der Zwerg sein Haus nicht mehr verlassen konnte. Er vermißte seine Bank und die Sonne.

Da fiel ihm der Koffer wieder ein. Er holte und öff-

nete ihn und sah all die schönen Sachen, die er gesammelt hatte. Er erinnerte sich an die erstaunlichen
Zauberkünste und seinen Waldspaziergang. Er sah in
Gedanken seine Bank in der Sonne stehen, und schon
ging es ihm besser.

Und indem er so all seine Schätze auf dem Boden
ausbreitete und sie immer und immer wieder betrachtete, kitzelte ihn ein zaghafter Sonnenstrahl an
der Nasenspitze. Er schaute aus dem Fenster. Der
Schnee war schon fast geschmolzen, die ersten Blüten reckten ihre Köpfchen, der Frühling war ange-
kommen, hatte den Winter verabschiedet. Sofort ging
der Zwerg aus dem Haus und setzte sich auf seine
kleine Bank. Er freute sich riesig über die ersten Sonnenstrahlen und war glücklich und zufrieden.

Inge Burck

GOLDLOCKES TRAUM

Es war einmal ein kleines Mädchen, das hatte golden leuchtende Locken und wurde deshalb von seinen Eltern, Verwandten und Freunden Goldlocke genannt. Es hatte auch sonst ein liebreizendes Aussehen und ein sonniges Gemüt. Das zeigte sich schon morgens beim Aufstehen, wenn Goldlocke über das ganze Gesicht strahlte. Und auch tagsüber verbreitete sie gute Laune und nahm Anteil am Leben und Schaffen ihrer Umgebung, so daß alle sie mochten.

Goldlocke wuchs heran und begann, sich häufig im Spiegel zu betrachten und mit anderen zu vergleichen. Plötzlich fand sie lange, glatte, dunkle Haare viel schöner als ihre eigenen und ärgerte sich darüber, daß sie nicht so groß wie ihre Freundin war. Und sie entdeckte noch viel mehr Dinge, die ihr äußerlich an sich selbst nicht mehr gefielen. Sie wurde unzufrieden und traurig, ihre strahlende Laune verschwand, und sie hatte das Gefühl, daß ihre Freundinnen und Freunde sie nicht mehr mögen – was sie natürlich auf ihr Aussehen schob. Daß die Menschen nicht mehr so gerne mit Goldlocke zusammensein wollten, stimmte. Es lag aber nicht am Aussehen, sondern daran, daß Goldlocke immer unzufriedener wurde und sich keiner von ihr die Laune verderben lassen wollte. So zogen sich die Freunde von ihr zurück, und Goldlocke wurde immer trauriger.

Eines Nachts, als sie endlich mit ihren Tränen eingeschlafen war, hatte sie einen Traum. – Sie sah sich auf einer Wiese mit bunten Blumen, auf der viele Kinder spielten. Es war warm, die Sonne schien und Goldlocke ging durch das Gras und setzte sich in den Schatten eines herrlichen Baumes. Schon kamen einige Kinder auf sie zugelaufen und fragten sie nach ihrem Namen. Als sie ihn nannte, bewunderten die Kinder ihre golden in der Sonne glänzenden Locken und riefen: „Komm, spiel mit uns!" Nach kurzem Zögern stand Goldlocke auf und machte bei den Spielen der Kinder mit. Sie half ihnen bei der Durchführung und bei der Lösung von Problemen. Den Kindern machte es viel Spaß, und auch Goldlockes Gesicht schien zu leuchten. Als sie weitergehen wollte, bedauerten es alle und baten sie, am nächsten Tag wiederzukommen. Goldlocke versprach es und winkte ihnen zum Abschied zu.

Am Rand der Wiese stand ein Haus, und im Garten saß ein kleines Mädchen, das einem Kaninchen zusah, wie es durch Blumen und Beete hüpfte. Goldlocke grüßte freundlich und erkundigte sich nach dem Kaninchen. So erfuhr sie, daß das Mädchen das Tier, das eigentlich im Haus lebte, einfangen wollte. Aber es gelang einfach nicht. Goldlocke kletterte über den kleinen Zaun und half dem Mädchen. Zu zweit hatten sie das Kaninchen schnell auf dem Arm. Das Mädchen war sehr dankbar und sagte: „Gut, daß du gerade hier vorbeigekommen bist. Du hast mir sehr geholfen!"

Goldlocke ging beschwingten Schrittes weiter, und es war ihr ganz warm ums Herz. Sie kam an eine Straßenkreuzung. Am Rand stand eine Frau mit einer vollen Einkaufstasche und wartete auf eine Gelegenheit, die vielbefahrene Straße zu überqueren. Sie schien etwas gebrechlich zu sein. Goldlocke bot sofort ihre Hilfe an, unterstütze die Frau mit ihrem Arm und nahm die Tasche in die andere Hand. So überquerten sie gemeinsam die Straße. Die Frau lächelte Goldlocke dankbar an und sagte: „Dich hat der Himmel geschickt!" Goldlocke freute sich und begleitete die Frau bis zu ihrem Haus. Sie versprach beim Abschied, bald zu Besuch zu kommen.

Singend ging Goldlocke weiter. Plötzlich hörte sie quietschende Bremsen. Sie drehte sich um und sah einen Jungen in ihrem Alter neben seinem demolierten Fahrrad vor einem Auto liegen. Sie beugte sich zu ihm und half ihm beim Aufstehen. Zum Glück hatte er sich nicht ernsthaft verletzt. Nur das Fahrrad ... Der Junge sah traurig auf sein ziemlich ramponiertes, neues Fahrrad. Goldlocke versuchte, ihn zu trösten und begleitete ihn nach Hause. Gemeinsam trugen sie das kaputte Rad. Unterwegs unterhielten sie sich ein bißchen. Goldlocke erfuhr, daß der Junge Martin hieß und daß sein Hobby Gitarrenspielen sei. So verabredeten sie, am nächsten Tag bei ihm zusammen Gitarre zu spielen, denn sie verstand auch etwas davon. Martin sagte ihr noch, ihm habe es richtig gut getan, daß sie mit ihm gekommen ist und daß er sie sehr nett fände und daß auch ihr Name gut zu ihr passen würde. Goldlocke strahlte. – Da erwachte sie aus ihrem schönen Traum. Es war ganz dunkel, und sie horchte in sich hinein. Irgend etwas in ihr war wärmer als sonst. Sie stand auf, machte das Licht an und sah in den Spiegel. Ein lächelndes Gesicht schaute sie an, und ihre Locken leuchteten wirklich golden. Seit langer Zeit gefiel sie sich einmal wieder.

Als sie sich zurück in ihr warmes Bett gekuschelt hatte, dachte sie darüber nach, wie sie am nächsten Morgen mit einem Lächeln aufstehen und Freude verbreiten und aufmerksam schauen wollte, wer sie brauchen und wem sie helfen konnte – so wie früher. „Eigentlich", dachte sie, „bin ich doch gar nicht so verkehrt." Und beim Einschlafen murmelte sie noch: „Ob Träume wahr werden können?"

Brigitte Elsner

NICHT NUR – SONDERN AUCH

Im Ozean zusammen mit Hunderten, ja Tausenden anderer Fische lebte Oktino. Er war etwas ganz Besonderes. Man erzählte sich: „Er weiß immer einen Rat und ist außerordentlich gütig und voller Liebe für die anderen Fische."

Oktino lebte bescheiden und ein wenig zurückgezogen in der Nähe eines Riffes. Für jeden, der ihn brauchte, war er da. Das machte ihn sehr glücklich.

In den Morgenstunden, wenn die ersten Sonnenstrahlen durch die Wasseroberfläche in die Tiefen des Ozeans drangen, schwamm Oktino, so weit er nur konnte, dem Licht entgegen. Einige Fische behaupteten: „Dort holt er sich Kraft, Wärme und wohl auch seine Weisheit." – „So ein Blödsinn", sagten andere. „Die Sonne spendet Licht und Energie für die Natur und sonst gar nichts."

So ging das Leben im Ozean seinen Gang, und Oktino wäre wohl sehr glücklich geblieben, hätte er nicht eines Tages gehört, wie sich zwei Muränen in einer Spalte des Riffes unterhielten. „Dieser Oktino bildet sich wohl ein, etwas Besseres zu sein. Der weiß auch nicht alles."

Oktino zuckte zusammen bei diesen Worten. Sie hatten ja recht. Er wußte längst nicht alles. Wie konnte er nur so lange, so unbedarft in den Tag hineinleben? Er fragte sich, ob die Ratschläge, die er schon so vielen erteilt hatte, wohl richtig und gut genug gewesen waren. Vielleicht dachten noch viele andere in gleicher Weise über ihn wie die Muränen. Er kam immer mehr ins Grübeln.

Wenn ihn jetzt jemand um Rat fragte, dachte er lange nach, was er antworten sollte. Er überlegte hin und her, fragte sich selbst, ob das, was er zu sagen hatte, auch wohl gut genug sei. Er war mit sich selbst und seinen Zweifeln so sehr beschäftigt, daß er zunehmend die Fähigkeit verlor, sich in die anderen hineinzuversetzen. Früher hatte er voller Vertrauen auf sich selbst das gesagt, was er für richtig hielt. Nun bestanden seine Ratschläge aus dem, was die anderen hören wollten, was man hätte sagen sollen und vielen anderen Eventualitäten.

Selbst in den stillen Morgenstunden, die ihm so viel gegeben hatten, fragte er sich, ob er sich das alles nur eingebildet hatte. „Wahrscheinlich", so bekannte er müde und voller Traurigkeit, „spendet die Sonne wirklich nichts als Licht und Energie für die Natur." Wie sehr wünschte er sich, er könne das Gespräch der beiden Muränen einfach vergessen.

Eines Morgens passierte etwas Sonderbares. Oktino war den ersten Sonnenstrahlen entgegengeschwommen und ließ sich schwermütig in den Wellen treiben, als er die Wärme der Sonne wieder ganz deutlich in sich selbst spürte. Und er dachte bei sich: „Es ist wahr, ich bin einer von vielen in diesem riesigen Ozean – nichts Besonderes. Und doch habe ich immer mein Bestes gegeben. Und damit bin ich schon sehr oft nützlich gewesen. Es ist wahr, ich weiß nicht alles. Und doch habe ich viele gute Ratschläge erteilt. Und damit habe ich schon vielen geholfen. Und ich bin glücklich dabei gewesen."

Da war es ihm, als schiene die Sonne besonders hell und warm. Fast mußte er lachen: „Man wird gerade dann klüger und weiser, je mehr man versteht, was man alles nicht weiß. Und man wird wohl gütiger und liebevoller, wenn man mit dieser Weisheit das tut, was man kann. Nicht mehr und nicht weniger."

Ach, wie ihm diese Gedanken Hoffnung und Mut machten. Er genoß es voller Begeisterung, einfach so zu sein, wie er war. „Ich bin nicht vollkommen, aber gut genug", murmelte er in die Wellen. „Ich weiß nicht alles, aber mit dem Wissen, das ich habe, kann ich viel beitragen." Und er pfiff ein Liedchen auf die Zweifel, die ihn geplagt hatten. Denn er wußte jetzt:

Ich bin nicht nur – sondern auch.
Ich bin nicht nur dumm, auch nicht nur schlau –
nicht nur bunt, auch nicht nur grau –
nicht nur gut, auch nicht nur schlecht –
nicht nur falsch, auch nicht nur recht.
Ich bin fast alles, doch von jedem ein Stück,
und das ist mein Glück.
Alles zusammen ist ganz schön viel,
das nie zu vergessen, das ist mein Ziel!

Gerda Wichtmann

BENJAMIN

Es war einmal ein kleiner Junge. Eigentlich war er noch nicht wirklich da, aber er existierte schon in den Köpfen seiner Eltern.

Der Vater war ein sehr erfolgreicher Mann, der wichtige Entscheidungen traf und den viele Menschen verehrten, weil er so klug war. Dabei achtete er darauf, daß es allen gut ging und niemandem etwas fehlte.

Seine Mutter arbeitete für eine große Zeitung und war angesehen bei ihren Kollegen und Chefs, weil sie offen und ehrlich auf jeden zuging und immer da war, wenn sie gebraucht wurde.

Wie nun beide mit ihren Berufen sehr beschäftigt waren, merkten sie eines Tages, daß etwas Wichtiges in ihrem Leben fehlte. Sie redeten miteinander, rätselten, was es sein könnte. Eigentlich hatten sie alles, was man zum Leben braucht. Sie verdienten viel Geld, machten die schönsten Reisen, kamen mit vielen interessanten Menschen zusammen und doch ...

Um ihr Glück vollkommen zu machen, wollten sie ein Kind haben – einen Sohn namens Benjamin.

Dieses Kind sollte der Ausdruck ihrer Liebe zueinander sein. Ihre wunderbaren Eigenschaften würden sich in ihm vereinigen und aus ihm einen ganz besonderen Menschen machen. Sie träumten von ihrem Sohn, seinem Aussehen und seinen Erfolgen. Die Menschen beneideten sie um Benjamin, war er doch der Inbegriff von Höflichkeit und guten Manieren.

Aber Benjamin wollte nicht kommen. Er sah aus seiner kleinen Welt die Wirklichkeit und verlor immer mehr seinen Mut. Wie sollte er diesen Erwartungen gerecht werden? Wenn er geboren würde, hätte er überhaupt keinen Platz, sich frei zu entfalten. Alles war geplant und in den Vorstellungen der Eltern bereits manifestiert. Das konnte nicht gut gehen. Er wollte nicht auf eine Welt, die keine Überraschungen, keine Phantasien bot.

Das Ehepaar wurde sehr traurig. So sehr sie sich auch ein Kind wünschten, es klappte nicht. Die anderen Paare in ihrem Alter schoben stolz die ersten Kinderwagen spazieren, und die beiden sahen wehmütig in die vielen kleinen, goldigen Babygesichter. Ihre Träume schienen wie Seifenblasen zu zerplatzten. Es blieb nur der tiefe Wunsch, ein Kind zu haben.

Benjamin hatte das natürlich alles aufmerksam verfolgt. Die Zeit verging, und er merkte schließlich, daß sich seine Eltern von ihren ehemaligen Vorstellungen immer mehr entfernten. Aus dem Vorzeigekind, das man braucht, um einen guten Eindruck zu machen, wurde ein Kind, das um seiner selbst willen auf die Welt kommen sollte. Es war auf einmal gar nicht mehr wichtig, ob es ein Junge oder ein Mädchen würde, ob erfolgreich und brav oder nicht – nein, die Hauptsache war nun, ein Kind zu haben, für das man sorgen wollte, das man behüten und fördern würde, mit dem man die Welt erobern könnte, mit dem man weinen und lachen wollte. Einen kleinen Menschen, der Teil ihrer kleinen Gemeinschaft sein sollte.

Da entschloß sich Benjamin, den Schritt ins Leben zu wagen. Mutig tat er den ersten Schrei und wurde liebevoll und glücklich empfangen.

Britta Seeler-Kreimeyer

DER LACHENDE GARTENZWERG

Unter einer alten Tanne, da wo der Schatten das Gras nur spärlich wachsen läßt, stand schon immer ein kleiner Gartenzwerg. Er sah etwas blaß und einsam aus, so als ob man ihn dort vergessen hätte. Und er blickte immer in dieselbe Richtung und lachte unermüdlich unter seiner roten Zipfelmütze hervor.

Gelegentlich liefen Kinder im Garten umher, schubsten ihn und ließen ihn liegen, wenn er umfiel. Aber der kleine Gartenzwerg lachte nur. Wenn ihn der Gärtner versehentlich mit dem Spaten, Rechen oder gar dem Rasenmäher streifte, konnte das dem kleinen Wicht unmöglich gefallen – doch er lachte. Er lachte, wenn die Sonne schien, wenn der Regen ihn übergoß und auch dann noch, wenn der Sturm ihn am Zeug riß.

Ein Sonnenstrahl, der den kleinen Mann unter der Tanne schon länger beobachte und oft verstohlen zu ihm hinuntersah, faßte sich eines Tages ein Herz, kam leise, warm und hell auf den Zwerg zu und sprach ihn auf sein stets unbeirrbares Lachen an.

„Ach, du lieber Sonnenstrahl", hub der Zwerg zu reden an. „Was sollte ich sonst tun? Ich bin ein Gartenzwerg und kann nichts anderes. In der Fabrik, wo ich hergestellt wurde, gab man mir ein lachendes Gesicht. So muß ich lachen, lachen, lachen … Es ist ganz furchtbar dieses Lachen. Ich hasse es!"

„Ach, kleiner Freund! Lachen ist doch etwas Wunderbares. Es ist ein Geschenk!", erwiderte der Sonnenstrahl. „Was weißt du schon darüber. Wie kann Lachen ein Geschenk sein? Für mich ist es eine Strafe", entgegnete der Zwerg.

Dem Sonnenstrahl tat der Gartenzwerg leid. Er überlegte, was er tun könnte. Plötzlich hatte er eine Idee und sagte entschlossen: „Das wird sich ändern. Ich werde dir helfen. Und du wirst früher oder später merken, wie schön Lachen ist."

Der Wicht sah ihn zweifelnd an und schüttelte ungläubig sein Köpfchen. Der Sonnenstrahl aber streichelte solange das Gesicht des Zwerges, bis es zu leuchten begann. Die Wärme, das Licht und die Zuneigung taten ihm so wohl. Seine Züge entspannten sich zusehends. Seufzend schloß er die Augen und lächelte selig. „Oh, ist das schön! Wie gut das tut!" flüsterte er glücklich.

Als er nach einiger Zeit die Augen öffnete, war der Sonnenstrahl verschwunden. Sein Licht und seine Wärme konnte der Zwerg noch spüren und lächelte zufrieden weiter. Die Blumen ringsherum bemerkten die Veränderung im Gesicht des Gartenzwerges. Sie neigten die Köpfchen und nickten ihm freundlich zu – eigentlich zum ersten Mal, wie der Gartenzwerg meinte.

Dann setzte sich jemand auf seinen Schuh. Staunend sah er einen Schmetterling, der ihn überschwenglich mit seinem fröhlichen Flügelschlag begrüßte. Der Gartenzwerg lachte laut auf vor Vergnügen. Und als die Bienen in ausgelassenem Tanz um seinen Kopf schwirrten und frech summten, klang das Lachen des Zwergleins silberhell. Er klatschte vor Freude in die Hände.

Sogar der Gärtner neckte ihn mit einem freundlichen: „Na, du fröhlicher Wicht!" Da wollte die kleine

Brust fast zerspringen, und er kicherte verschämt in sich hinein. Dann wurde er ganz still und setzte sich ins Gras. Er wußte nicht, wie ihm geschah. „Ich lache ja immer noch. Die ganze Zeit über lache ich. Aber es ist irgendwie anders!?"

Der kleine Sonnenstrahl aber guckte vor dem Schlafengehen noch mal kurz zu ihm hinunter und schmunzelte und zwinkerte ihm verschmitzt zu.

Gerda Schlager

BALDUR

Es ist Morgen. Verschlafen und mürrisch schaltet Baldur seinen Wecker ab und dreht sich wieder um. Nach zehn Minuten klingelt der Wecker erneut. Baldur kennt sich gut – Aufstehen ist nicht seine Sache. Noch mürrischer beendet er das sanfte Piepsen. Er hat Mühe, seine Augen endlich zu öffnen. Schlaftrunken bewegt er sich aus dem Bett und schleppt sich ins Bad. Die Morgentoilette verrichtet Baldur mit gewohnter Trägheit. Aber heute ist nicht sein Tag; der Zahnputzbecher fällt ihm herunter, der Boden schwimmt. Die Rasierklinge verletzt seine Gesichtshaut, es brennt ganz scheußlich. Am Hemd geht ein Knopf ab und rollt unter das Bett. Und die Krawatte hat erst beim dritten Anlauf den Knoten am rechten Fleck. Schon jetzt scheint der Tag für Baldur gelaufen.

Das Frühstück verschlingt er in die Zeitung vertieft. Pünktlich wie immer, um zehn nach sieben, verläßt er das Haus, ohne auch nur ein einziges Wort mit seiner Frau gewechselt zu haben. An solchen Tagen kommt er meistens noch schlechter gelaunt am Abend nach Hause. Und wenn dann die Ordnung, die er vorfindet, nicht seinem Gemütszustand entspricht, kriegt Baldur schreckliche Zornanfälle. Die Familie hat sich auf seine Launen eingestellt und versucht sie – so weit es möglich ist – zu vermeiden.

Doch an diesem Morgen geschieht etwas Außergewöhnliches. Gegen zehn wird Baldur zu seinem Chef zitiert – er alleine, was eigentlich nur dann vorkommt, wenn er einen Fehler gemacht hat. Mit schlechtem Gewissen betritt Baldur zögernd das Büro von Herrn Obermann. Eigentlich ist er sich keines Vergehens bewußt oder doch? Und dann eröffnet Herr Obermann das Gespräch mit dem unheilverkündenden Satz: „Endlich muß ich einmal mit Ihnen reden!" Baldur erschrickt und sinkt noch tiefer in den Sessel. Aus der Ferne hört er eine freundliche Stimme, die sein außerordentliches Engagement für die Firma lobt. Baldur schaut in zwei offene, ehrliche Augen und wagt nicht, sich zu bewegen. Herr Obermann fährt fort: „Ihr Pflichtbewußtsein und ihre Pünktlichkeit machen Sie zu einem sehr wertvollen Mitarbeiter. Am meisten schätze ich aber Ihre Zuverlässigkeit und die Ruhe, die Sie stets ausstrahlen." Baldur ist fassungslos. Sollten diese Worte aus dem Munde desjenigen kommen, den er als mürrisch und hochnäsig zu kennen glaubt? Kaum zu fassen.

Er beginnt, die Situation zu genießen. Herr Obermann gibt ihm das Gefühl, anerkannt und gebraucht zu werden. Die Stimmung von Baldur ändert sich minütlich. Als er das Büro seines Chefs verläßt, strahlt er über sein ganzes Gesicht. Sein Gang ist bestimmt, seine Haltung aufrecht, ein kleines Lächeln scheint sogar seinen Mund zu umspielen. Jedem, dem er an diesem Arbeitstag noch begegnet, schaut er freundlich in die Augen und wechselt sogar ein paar nette Worte, was einige schon sehr verwundert.

Auf dem Weg nach Hause kauft er ganz spontan einen Blumenstrauß für seine Frau. Dabei fällt ihm auf, daß er diese Idee seit Jahren nicht mehr hatte. Was wohl seine Frau dazu sagen wird? Er versucht sich ihr erstauntes und freudiges Gesicht vorzustellen. Oh, wie er sich auf diesen Augenblick freut! Diese Freude hat er schon lange nicht mehr verspürt. Er mag sich, und jeder kann es heute sehen.

Roland Herterich

WUNSCHLOS GLÜCKLICH

Es war einmal ein altes Mütterchen, das ganz alleine in einem kleinen Häuschen wohnte. Sie fühlte sich sehr glücklich, denn alles, was sie zum Leben brauchte, hatte sie. Es war nicht viel, aber ihr genügte es. Ihr größter Reichtum war ihr großes, weites Herz. Die Menschen kamen gern zu ihr, denn sie hatte für jeden ein liebes Wort. Sie fühlten sich bei ihr angenommen und geborgen.

In der Weihnachtszeit war es ihr manchmal doch schwer, daß sie so wenig kaufen konnte. Das Geld reichte nicht, um all ihren lieben Freunden auch nur ein kleines Geschenk zu machen. So lief sie recht traurig über den Weihnachtsmarkt. Es roch so herrlich nach Tannengrün, Vanillewaffeln und Glühwein. Das farbenfrohe, alte Karussell drehte sich im Takt einer Weihnachtsmelodie. Alt und Jung freuten sich.

Das Mütterchen stand plötzlich wie gebannt vor einem der schönen Holzbüdchen. Ihr Blick wurde von einem Büchlein angezogen, das zweimal in weiße Schleifen gebunden war. „Was mag da wohl drinnen stehen?" fragte sie bei sich. Mit etwas zittrigen Händen öffnete sie das Büchlein. Sie vergaß die Welt um sich herum, so verzaubert war sie von den Bildern. Ihr Weihnachten von früher war zu sehen!

Das Mütterchen war ganz versunken in ihren Erinnerungen, so daß sie gar nicht merkte, wie sie der

Verkäufer ansprach und fragte, ob sie das Buch denn nun auch kaufen wolle. Da erst erwachte sie aus ihren Träumen und murmelte: „Ich habe zu wenig Geld. Ich kann mir diesen Wunsch nicht erfüllen." Doch ganz tief innendrinnen antwortete eine Stimme: „Gönne dir dieses Büchlein. Es macht dich froh und glücklich. Du gibst dieses Glück tausendfach weiter an deine Freunde. Erfülle dir diesen Wunsch."

Und tatsächlich ging das alte Mütterchen mit dem Büchlein in ihr kleines Häuschen zurück. Sie hatte all ihre Kindheitserinnerungen in den Händen und strahlte vor Seligkeit –
wie ein junges Mädchen.

Dorle Hartmann

DIE TROPFENMENSCHEN

Da ist das blaue Land, weit hinten am Horizont. Dort leben die Tropfenmenschen in einer einzigartigen Gemeinschaft. Sie sind nicht mehr jeder für sich, oh nein; sie können jederzeit der oder die andere sein, sprechen wie der andere, fühlen wie die andere und auch aussehen. Es gibt junge Tropfenmenschen und auch alte, Männerfrauen und auch Frauenmänner. Und sie haben ihre eigenen Gesetze. Ihr Land ist immer in Bewegung, ja es ist der Spiegel des Himmels. Wir können dieses Land auch sehen, es jedoch nicht verstehen. Wir brauchen es für unser Leben und können es doch nicht fassen. Deshalb nennen wir es auch „Das weite Meer".

Wenn Dunst über dem Meer aufzieht, dann machen sich wieder viele Tropfenmenschen auf die Reise. Sie steigen dem Himmel entgegen, versammeln sich in ihren Zügen, den Wolken, und reisen über Zeit und Raum ihren Aufgaben entgegen. Im Gepäck haben sie das Bewußtsein, wohin sie auch gehen, sie kehren immer wieder nach Hause zurück. Das gibt ihnen Mut und Kraft, denn solange sie in den Wolken sind, wissen sie nicht, wo sie einmal landen werden. Doch neugierig sind sie alle und bereit für den Absprung in die ihnen fremde Welt.

Plötzlich ist es soweit. Ein heller Blitz pfeift ihnen um die Ohren, und ein fürchterliches Getöse reißt den Zug auseinander. Sie fallen, purzeln durcheinander, schwer und dick geworden, der Erde entgegen. Vorbei an hohen Bergen, auf deren Spitzen ihre Verwandten sitzen, festgefroren für die Ewigkeit, glauben manche der jungen Tropfenmenschen. Sie wissen noch nicht, daß auch sie nur den Moment abwarten, bis sie der Sonne gehorchend schmelzen und in grünen Seen, in grauen Flüssen, durch braune Erde nach Hause zum Meer zurückkehren.

Sie fallen auf Bäume und Wiesen, die schon sehnsüchtig auf sie gewartet haben; manche fallen auf Tierrücken und Menschenhaar, wieder andere hüpfen in Pfützen, werden aufgeleckt von durstigem Leben. Wandern auf diese Weise durch Körper und kullern vielleicht als große Kindertränen in die nächste Zukunft. Sie tränken die Gräser, das Obst und das Brot. Sie berauschen sich am Wein und laben sich in funkelnden Bächen, spielen auf Asphalt, kommen in Küchen und Eimern, erquicken alles Lebende.

Auf den weiten Reisen der Tropfenmenschen schlüpfen sie in so viele Häute. Keiner kann sie halten. Sie sind nirgends und überall, sie eilen und verweilen, bringen Freude und Leid und wollen nie etwas anderes sein als eben Tropfenmenschen. Als solche sind sie geboren, und ihre Bestimmung ist, immer wieder nach Hause zurückzukehren.

Ulrich Pfaffinger

DIE HILFREICHE FEDER

Die Geschichte erzählt von einer verbitterten, älteren Frau namens Dora. Sie hatte viele Schicksalsschläge erfahren, ist enttäuscht vom Leben und von ihren Mitmenschen und läuft nun mit einem miesepetrigen Gesicht durch die Welt. All ihre Freunde gehen ihr inzwischen aus dem Weg. Auch ihre Kinder und Enkel besuchen sie nur noch selten und ungern. Darüber kann sich Dora wieder beklagen – denn Alleinsein ist nicht schön. So scheint sie wie in einem Teufelskreis gefangen zu sein.

Die Enkel sagen: „Mit Großmutter ist nichts anzufangen. Sie lacht nie, spielt nicht mit uns und schimpft nur." Und Dora denkt bei sich: „Ich brauche doch meine Familie. Warum besuchen sie mich so selten – ich war doch auch immer für sie da! Mich mag eben niemand. Was soll ich nur tun?"

Eines Nachts hat Dora einen Traum. Ein winziges Männlein erscheint und fordert sie auf, mitzukommen. Es geht durch einen langen Gang und dann abwärts in einen Stollen, der sich zu einem großen Raum öffnet. Es ist ziemlich dunkel, und Dora wird unheimlich zumute. Das Männlein bleibt stehen gerade dort, wo alles grau und trist aussieht und viel Staub liegt. Es nimmt eine Feder aus der Tasche und streicht den Staub beiseite. Und siehe da, es fängt an zu blitzen und zu blinken. „Möchtest du sehen, was unter all dem alten Staub liegt?" fragt das Männlein.

„Ich kann es dir für einen Augenblick zeigen." Dora nickt; sie ist ein wenig neugierig geworden.

Das Männlein zieht einen kleinen Zauberstab aus dem Ärmel und murmelt etwas vor sich hin. Mit Staunen und Entzücken sieht Dora, was nun geschieht. Der graue, triste Raum verwandelt sich in einen gleißenden, glitzernden, in allen Farben leuchtenden Palast voller Edelsteine. Einer funkelt heller und schöner als der andere. Der Glanz blendet Dora, und so schließt sie für einen Moment die Augen. Sehnsucht erfaßt sie, und sie denkt: „Einmal nur einen kleinen Teil dieser wunderschönen Steine besitzen und sie meiner Familie und meinen Freunden zeigen können, das würde mich freuen!"

Als sie die Augen wieder öffnet, hört sie voll Verwunderung zarte Stimmchen, die aus den Steinen wispern: Liebe, Freude, Geduld, Interesse, Freundschaft, Lächeln, Mut ... Aber schon hebt das Männlein seinen Zauberstab erneut, und der Raum liegt wieder unter grauem Staub in der Dunkelheit.

„Was war das?" fragt Dora das Männlein. „Das, liebe Dora, ist dein Bergwerk voller Edelsteine. Du trägst es in dir. Nur hast du viele, viele Jahre nicht staubgewischt, so haben deine Edelsteine ihren Glanz verloren. Einige sind so tief vergraben, daß du hart arbeiten mußt, um sie zu finden. Aber wenn du sie wieder zum Glänzen bringst, vergeht auch dein Mißmut. Ich schenke dir die Feder. Sie wird dir helfen."

Als Dora am Morgen aufwacht, liegt tatsächlich eine Feder auf ihrem Kopfkissen. Sie erinnert sich an ihren Traum. Sollte das Männlein recht haben? Sind ihre vielen Fähigkeiten nur unter dem Staub all der Jahre begraben? Sie denkt an die junge Dora – die fröhliche, lustige, die immer mit vielen Menschen zusammen war. Sollte es möglich sein, ein bißchen wieder zu werden wie damals? Dora wünscht es sich so sehr.

Immer wieder schaut sie die Feder an. Ihre Gedanken reisen in ihren Erinnerungen und wirklich, es geht ihr von Tag zu Tag besser. Sie findet ihr freundliches Lächeln wieder, ihr Gang wird aufrechter, ihr Blick liebevoller, und ihr Mut nimmt zu. Plötzlich sieht sie ihre Familie, ihre Mitmenschen mit anderen Augen, mit ehrlichem Interesse. Als ihre Enkel wieder einmal zu Besuch kommen, spielt und lacht sie mit ihnen, so daß sie ganz begeistert sind von ihrer Großmutter. Ihr Herz füllt sich mehr und mehr mit Liebe und Freude. Und das sehen und fühlen alle Menschen um sie herum und besuchen sie nun wieder gern und häufig.

Eines Nachts erscheint das kleine Männlein erneut in Doras Traum. „So, Dora", sagt es, „jetzt kann ich meine Feder wieder mitnehmen. Du brauchst sie nicht mehr. Du weißt, was du tun mußt, um deine Edelsteine zum Glänzen zu bringen. Ich habe in dein Bergwerk geschaut, es liegt nur noch wenig Staub darin, und die verborgenen Edelsteine wirst du auch noch finden. Vertraue dir selbst!" Dankbar und glücklich wacht Dora auf. Die Feder hat sie nie wieder gesehen – und auch nie wieder benötigt.

Gabriele Scharnhorst

RÜDIGER – DAS AMEISENKIND

Eigentlich ist Rüdiger ein lustiges Ameisenkind. Schon als er noch ganz klein war, konnte er mit seinem Charme und seinem Lachen jedermann im Verwandten- und Bekanntenkreis um den Finger wickeln. Er ist von Natur aus gesegnet mit Schönheit, allerdings sehr klein und zart geraten. Alle seine Tanten – er hat derer sechsundzwanzig – sind der Meinung, daß er zahlreicher und kostspieliger Geschenke würdig ist, aber besonderer Schonung bedürfe. So wirft man von früh bis spät, eigentlich ununterbrochen ein Auge auf ihn, besonders als er anfing, zu laufen und auf größere Blätter und Zweige zu klettern versuchte. „Vorsicht, du fällst!" hieß es da immer wieder, oder „Laß dir lieber helfen!" oder „Das kannst du ja doch noch nicht!"

Ja, eigentlich ist Rüdiger ein fröhliches Ameisenkind. Doch als er älter wird, wird er immer ängstlicher. Er traut sich überhaupt nichts zu – hat es ja nicht gelernt. Die Welt ist so gefährlich und er so klein und schwach. In der Ameisenschule fällt es schon auf, daß er sich nie an den zahlreichen, lustigen Raufereien beteiligt.

Eines Tages hat Rüdiger einen seltsamen Traum. Er sah sich allein auf Wanderschaft im Wald. Es ist schon dunkel geworden, und er beginnt, sich zu fürchten. Niemand seinesgleichen ist um diese Zeit unterwegs – nur ab und zu hört er das Brummen eines

Igels oder das Ächzen der gewaltigen Bäume. Der Mond scheint hell und freundlich durch das Blätterdach.

Plötzlich stößt Rüdiger auf eine riesige Pfütze, in der viele Tannennadeln und Ästchen kreuz und quer umherschwimmen. „Ach du meine Güte!" hört er sich seufzen. „Da komme ich doch nie und nimmer rüber!" Die Idee, einen der Zweige zu Hilfe zu nehmen, um ans andere Ufer zu kommen, verwirft er sofort wieder. Nicht auszudenken, was passieren würde, wenn er abrutscht und ins Wasser fällt! Schwimmen hat er nie gelernt, und vor Wasser hat er panische Angst. In seiner Verzweiflung schaut er zum Himmel und blickt direkt in das große, runde Gesicht des Mondes mit seinen freundlichen Augen und seinem Lächeln auf den Lippen. „Ich wußte gar nicht, daß der Mond ein so schönes Gesicht hat!" denkt Rüdiger bei sich und fühlt sich nicht mehr so allein. Und – ja ist denn das möglich? Der gute Mond nickt ja mit dem Kopf. „Sollte er etwa mich meinen?" Rüdiger ist ganz aufgeregt, und sein Ameisenherz schlägt gleich viel schneller. „Soll ich es doch wagen, über diese große Pfütze zu balancieren?"

Und auf einmal ist er nicht mehr der kleine ängstliche Rüdiger von vorhin, sondern er beginnt mutig und in aller Ruhe, seinen Plan genauestens zu überdenken. Immer wieder wandert sein Blick zum Himmel. „Ich glaube, ich werde es schaffen, wenn ich den Zweig dort drüben nehme – der ist besonders lang und reicht bis zur anderen Pfützenseite. „Ich schaffe es! Der Mond glaubt auch daran, daß ich es schaffe!"

Mit größter Sorgfalt setzt er seine kleinen Füße auf den Zweig und läuft vorsichtig darauf entlang. Sein Ameisenherz pocht ganz laut vor Aufregung, aber die Angst ist wie weggeblasen. An seinem Ziel angelangt, wirft er stolz einen Blick auf die große Wegstrecke, die er ganz alleine zurückgelegt hat. Ein zweiter dankbarer Blick gilt dem guten Mond, der ihn mit seiner Wärme begleitet hat.

Seit diesem Traum ist Rüdiger ein anderer. Wenn er das Gefühl hat, etwas nicht zu schaffen, schaut er nach oben zum Himmel, schließt seine Augen voller Zuversicht und denkt an das wunderbare Erlebnis in seinem Traum.

Ulrike Reuß-Herterich

DAS STERNENMÄDCHEN

Das kleine Sternenmädchen ist ganz furchtbar traurig und unglücklich. Es sitzt mit seiner alten, trüben Laterne auf der Mondstrahlenbank und denkt darüber nach, was es denn eigentlich noch hier soll. „Die Laterne ist trübe und leuchtet nicht mehr. Also wozu bin ich noch da?" so grübelt es und wird immer nur noch trauriger. Schließlich kommt es zu dem Entschluß: „Wenn ich schon zu nichts mehr nutze bin, dann will ich auch die Laterne nicht behalten." Und wie es die Laterne packt und ausholen will, um sie ganz weit wegzuschleudern, da hört es eine Stimme rufen: „Halt! Sternenmädchen, nein! Wirf deine Laterne nicht weg!" Und schwups, ehe es noch zum Nachdenken kommt, sitzt da ein frecher, lustiger Sternenjunge direkt neben ihm auf der Mondstrahlenbank.

„Was machst du da? Wer bist du? Und wo kommst du so plötzlich her?" sprudelt es aus dem Sternenmädchen heraus. Fast hätte es darüber das Weiterweinen vergessen. „Frag nicht so viel auf einmal", antwortet der Sternenjunge. „Putz dir erstmal die rote Tränennase!" Er rutscht noch etwas näher heran, schnappt sich die alte, blinde Laterne und hält sie gegen das fahle Mondlicht. Und so gucken beide Sternenkinder die Laterne an und müssen feststellen, so alt und häßlich, so trübe und kaputt ist sie ja doch gar nicht.

„Du", sagt der Sternenjunge nach einer Weile, „weißt du was? Ich helfe dir. Wir beide putzen deine Laterne und schrubben so lange, bis sie wieder ganz hell leuchtet." So recht überzeugt ist das Sternenmädchen nicht – aber darüber nachdenken tut sie schon: „Vielleicht, wenn ich meine Tränen auf die Laterne fallen lasse, und wenn dann vielleicht der Sternenjunge mit seinem Ärmel ganz fest rubbelt, vielleicht …? Ach, ich weiß nicht. Ich habs doch schon so oft probiert, und geleuchtet hat sie doch nie!"

Aber als ob er ihre Gedanken erraten hätte, fängt der Sternenjunge an, die alte Laterne zu putzen. „Schau nur. Hier glänzt sie schon ein bißchen! Wir schaffen das schon! Und wenn sie leuchtet so hell wie meine, dann halten wir sie ganz hoch, damit sie beide zusammen ganz, ganz weit strahlen."

Und so sitzen sie nun nebeneinander auf der Mondstrahlenbank und leuchten, und jeder achtet auf sein Laternchen und paßt auf, daß auch das andere nicht vernachlässigt wird.

Gertrud Pfaffinger

VON DEN DREI
KÖNIGSTÖCHTERN

Es war einmal eine Königin, die hatte drei Töchter.

Als die Königin alt wurde, dachte sie bei sich: „Ich will einer meiner Töchter das Reich übergeben. Doch welcher?" Nach einigem Nachdenken kam sie zu dem Entschluß, alle drei Töchter in die weite Welt zu schicken und diejenige, welche nach Jahresfrist am glücklichsten heimkehre, die sollte nach ihr Königin werden. Denn die alte Königin dachte: „Ist die Königin glücklich, so sind es auch die Bewohner des Reiches." Und das war ihr am wichtigsten.

So geschah es. Nach einem großen Abschiedsfest machte sich die älteste Tochter sofort auf den Weg, um ihr Glück zu suchen. Sie wußte weder wohin ihr Weg sie führen, noch wie das Glück ausschauen würde. Doch sie dachte bei sich: „Wenn ich die Augen offenhalte werde ich mein Glück schon irgendwo finden." Und sie wanderte durch Wälder, Wiesen und Felder, durch Dörfer und Städte und hielt die Augen offen. Und weil sie sehr aufmerksam schaute, sah sie sehr vieles im Reich ihrer Mutter. Sie sah gesunde Menschen und kranke, reiche Menschen und arme. Sie sah Häuser, die fast so groß und prächtig waren wie der Palast ihrer Mutter. Und daneben entdeckte sie kleine, verwahrloste Hütten, durch deren Dächer es hineinregnete. Sie begegnete Menschen, die durch Nichtstun so viel Geld anhäuften, wie Stroh im Stall liegt. Und andere, die mußten von früh bis spät hart arbeiten und verdienten doch nicht genug Geld, um ihre Kinder satt zu bekommen.

All das sah die älteste Königstochter und wurde sehr betrübt. So wanderte sie herum auf der Suche nach dem Glück und wurde doch immer trauriger.

Eines Tages kam sie in einen dichten Wald und fand keinen Ausgang mehr. Da es schon dunkel wurde, begann sie sich zu fürchten. Endlich gewahrte sie in der Ferne ein kleines Lichtlein. Und so sprach sie zu sich selbst: „Lieber gehe ich zu dieser Hütte und weiß nicht, wer drinnen wohnt, als in diesem dunklen Wald zu bleiben." Und so schritt sie mutig darauf zu. Es war ein kleines Häuschen, und als sie an die Türe klopfte, sprach eine warme Stimme: „Tritt ein, wenn du ein Mensch bist und dich magst. Auch Schatzgräber sind mir willkommen." Die Königstochter zögerte bei dieser Anrede und dachte: „Ein Mensch bin ich – aber ein Mensch, der sich mag? Nun, ich suche mein Glück, also bin ich vielleicht eine Schatzgräberin!" Und da sie nicht wieder in den dunklen Wald wollte, öffnete sie beherzt die Tür.

In der gemütlichen Stube saß am Ofen in einem großen Sessel eine alte Frau, die eine Katze auf ihrem Schoß kraulte. Freundlich schaute die Alte die Königstochter an: „Nun, magst du dich?" fragte sie. „Mmh – ich weiß nicht", gab die Königstochter zögernd zu. „Bist du eine Schatzgräberin?" fragte die Alte weiter. „Ich suche mein Glück!" erwiderte die Königstochter, froh eine Antwort parat zu haben, die der Alten gefallen würde. „Gut, das ist ein Anfang", antwortete die Alte. „Aber wisse: Du kannst erst wieder von hier fort, wenn du dein Glück gefunden hast." Die Königstochter erschrak bei diesen Worten.

Aber dann dachte sie: „Ich suche mein Glück, das steht fest. Was soll ich draußen in der Welt herumwandern, wo es trist und traurig ist. Vielleicht finde ich es tatsächlich hier, mein Glück, wo es doch so gemütlich ist! Und zur Jahresfrist bin ich bestimmt wieder zuhause." Denn Königin wollte sie ja werden. So blieb die älteste Königstochter im Haus der Alten im Wald, führte ihr den Haushalt und versorgte den kleinen Garten.

Die Alte war mit ihr zufrieden; doch manchmal, wenn die Königstochter betrübt am Türpfosten stand und mit leeren Augen vor sich hinschaute, blickte sie sorgenvoll und wiegte bedenklich ihr Haupt. So gut es der Königstochter auch gefiel im Haus der Alten, so oft dachte sie doch an all das Leiden und die Not, das sie auf ihrer Wanderung gesehen hatte. Und traurig dachte sie dann, daß sie bis Jahresfrist nie und nimmer glücklich sein könne. Aber sie erledigte sorgfältig und gewissenhaft ihre Arbeiten, obwohl es für sie als Königstochter sehr ungewohnt war. Oft schaute sie ihren Händen bei der Arbeit zu, und je abgearbeiteter sie aussahen, um so mehr schätzte sie die Königstochter. Wie zupackend und gleichzeitig einfühlend sie doch waren! Sie schafften im Haus und im Garten, und die Königstochter freute sich immer mehr an ihnen.

Eines Tages, es war Sommeranfang, stand sie wieder einmal im Garten und betrachtete die Beete voller Blumen und Salat, Tomaten und anderem Gemüse, das sie gepflanzt hatte. Ihr Blick fiel auf einen roten Rosenstrauch, an dem ganz oben eine Knospe war, noch eingehüllt in ihre Kelchblätter. Die Königstochter stellte sich vor, wie schön es wird, wenn die Rose zu blühen beginnt. Und wie im Traum öffnete die Knospe ihre Kelchblätter, dann die Blütenblätter und leuchtete in kräftigem, tiefem Rot und verströmte einen süßen, schweren Duft. Als die Königstochter ganz verzaubert die Rose anblickte, entstand vor ihr plötzlich das Bild von den armen Hütten und Menschen, die sie auf ihrer Wanderschaft gesehen hatte. Da wußte sie, wo sie ihr Glück finden konnte.

Sie stürzte ins Haus zu der Alten und sprach: „Großmütterchen, laß mich ziehen. Ich habe mein Glück gefunden!" Und ihre Augen strahlten wie zwei Sterne. Die Alte lächelte und nickte. „Ja, du hast dein Glück gefunden – und bist ein Mensch geworden, der sich mag." Die Königstochter stutzte kurz bei diesen Worten. Doch dann nickte sie freudig und blickte auf ihre abgearbeiteten, erdigen Hände. „Zum Abschied darfst du dir etwas wünschen", fuhr die Alte fort. „Ich wünsche mir die Rose, die eben aufgeblüht ist", entgegnete die Königstochter. „So nimm sie", erwiderte die Alte. Behutsam schnitt die Königstochter die erblühte Rose ab, trug sie vor sich her und ging wieder in die Welt.

Als sie die Hütten der armen Menschen erreichte, ging sie hinein und verströmte mit ihrer Rose zusammen einen strahlenden Glanz. Die armen Menschen freuten sich, daß sie jemand besuchte. Doch die Königstochter blieb nicht untätig. Sie reparierte die löchrigen Dächer, half im Haus, wo es an Hilfe fehlte. Dabei erzählte sie vom Garten der Alten in so wunderbarer Weise, daß die armen Menschen ganz begeistert waren. So legten sie alle gemeinsam einen großen Garten an mit Gemüse, Salat und Früchten und einer Unzahl von bunten Blumen. Und in die Mitte pflanzten sie die rote Rose.

Als das Jahr vergangen war, verabschiedete sich die Königstochter von den Menschen, die nun selber für sich sorgen würden. Sie schenkten ihr zum Dank eine Knospe von ihrem Rosenstrauch. Diese Rosenknospe trug die Königstochter vor sich her und machte sich auf den Rückweg zum Palast ihrer Mutter.

Die zweite Tochter indes war nicht untätig geblieben. Gleich nach dem Abschiedsfest hatte sie den Palast ihrer Mutter verlassen und war in eine weit entfernte Stadt gewandert. Dort, so hatte sie gehört, wohnten Teppichweber, die so wunderbare Teppiche herstellten, daß sie in der ganzen Welt berühmt waren. Das wollte die Königstochter lernen, denn sie dachte bei sich: „Wenn ich so kostbare und edle Teppiche herstellen kann wie die Teppichweber und wenn ich darum berühmt werde in der ganzen Welt, so bin ich glücklich. Und werde Königin im Reich meiner Mutter!" So wanderte sie in die entfernte Stadt und fand dort einen Meister, bei dem sie in die Lehre ging.

Es ging ihr gut von der Hand, das Teppichweben, und der Meister war zufrieden mit ihr. Doch je geschickter die Königstochter wurde, je vertrauter ihr das Auflegen der Kettfäden, das Werfen des Schiffchens war, desto anspruchsvoller wurde sie mit sich selbst. Und sie begann, ihre fertigen Teppiche mit denen des Meisters zu vergleichen. Bei jedem Teppich hatte sie etwas anderes auszusetzen: Ihre Teppiche waren kleiner als die des Meisters. Ihre Teppiche hatten nicht so viele Kett- und Schußfäden und sahen deshalb nicht so fein aus wie die des Meisters. Die Königstochter fand ihre Teppiche einfallslos. Und wenn ihr manchmal ein Teppich doch ganz gut gelungen schien, so suchte sie so lange, bis sie eine kleine Unregelmäßigkeit im Gewebe fand und auch diesen Teppich ablehnte.

Ihr Meister konnte sagen, was er wollte, die Königstochter glaubte nicht, daß ihre Teppiche, die ja immer noch die einer Anfängerin waren, sehr gelungen seien. Sie vergaß völlig, daß sie ja in keinster Weise die Erfahrung ihres Meister hatte und wurde mit sich und ihren Werken immer unzufriedener. Nur widerstrebend ließ sie es zu, daß der Meister auch ihre Teppiche zum Verkauf anbot. Denn sie meinte, wenn im Verkaufsraum alle Teppiche, die des Meister und ihre eigenen, so nahe beieinanderhängen, so würde wirklich jeder sehen, wie schlecht ihre Teppiche seien. Doch der Meister wollte davon nichts wissen und bot also auch ihre Teppiche an.

Fast schon hatte die Königstochter aufgegeben, das Teppichweben weiter zu lernen. Nur noch lustlos setzte sie sich an den Webstuhl und verbrachte viel Zeit damit, in der Werkstatt die schönen Teppiche ihres Meister wehmütig zu betrachten.

Da kam der Meister eines Tages ganz aufgeregt und begeistert in die Werkstatt gelaufen. Schon von weitem rief er: „Komm, Königstochter, komm! Jemand will wissen, wer die schönen Teppiche gewebt hat. Es werden deine Teppiche gewählt." Verwundert und gar nicht gut gelaunt erhob sich die Königstochter. Sollte der Meister sich nur einen Scherz mit ihr erlauben? Doch er drängte nochmal: „So komm doch! Es ist eine edle Dame!"

Also kam die Königstochter mit in den Verkaufsraum. Dort waren vornehme Kunden, eine reich gekleidete Dame mit Herren und Dienerschaft. Die Dame ließ die Teppiche der Königstochter durch ihre Finger gleiten und strich immer wieder behutsam dem zarten Muster nach. „Was für eine Pracht! Was für eine Kostbarkeit!" jubelte sie. Als sie die junge Königstochter erblickte, eilte sie auf sie zu und gab

74

ihr ehrfurchtsvoll die Hand. „Du also bis die Künstlerin! So eine Pracht habe ich noch nie gesehen! Jeder Teppich ist wie eine Geschichte für sich. Jeder hat ein anderes Bild, jeder erzählt ein anderes Märchen. Dazu die Farben: Mal kräftig und bunt, mal zart in Pastellfarben – wie es zum Motiv paßt!"

Die Königstochter hörte staunend und mit großen Augen zu. Dann ging sie zu ihren Teppichen, betrachtete sie eingehend, und allmählich ging ein Leuchten über ihr Gesicht. „Ja, das stimmt", dachte sie bei sich. „Jeder meiner Teppiche erzählt eine Geschichte. Ich wußte nicht, daß das etwas so besonderes ist."

Nachdem die vornehme Dame viele ihrer Teppiche gekauft hatte, verglich die Königstochter noch einmal die restlichen ihrer Teppiche mit denen ihres Meisters. Sie waren anders, ganz anders. Jetzt erst entdeckte sie an jedem ihrer Teppiche diese Besonderheit – irgendwo war eine kleine Geschichte versteckt. Und sie dachte: „Wenn es auch nicht jeder sieht: Ich sehe es und manche anderen Menschen auch. Und wenn meine Teppiche auch nie Kunstwerke werden sollten, die in der ganzen Welt berühmt sind, so weiß ich doch, daß ich die Kunst des Teppichwebens so gut gelernt habe, daß ich meine Teppiche jederzeit wiedererkennen werde!" Und sie begann wieder voller Eifer zu weben, und es war ein Vergnügen, ihr bei der Arbeit zuzuschauen.

Als das Jahr um war, ließ der Meister sie nur ungern ziehen, denn er hatte seine Freude an der fröhlichen, arbeitsamen Mitarbeiterin. Er wollte ihr zum Abschied all ihre Teppiche mitgeben, doch die Königstochter erwiderte froh: „Behalte sie nur, Meister, vielleicht kannst du sie brauchen. Ich jedoch weiß, daß ich weben kann." Und so bekam die zweite Königstochter einen Teppich vom Meister zum Dank geschenkt, den sie zusammengerollt auf dem Rücken heimtrug zum Palast ihrer Mutter.

Die dritte Tochter war daheim geblieben. Nach dem Abschiedsfest war sie traurig in ihr Zimmer gegangen und hatte geweint. Sie wollte gar nicht in die weite Welt ziehen, um dort ihr Glück zu finden. Ihr war das Glück ziemlich egal. Und ob sie Königin werden wollte, wußte sie auch nicht so recht. Vielleicht wollte sie ja viel lieber Köchin werden. Vor kurzem war nämlich im Palast ein junger Koch angestellt worden, der ihr sehr gefiel und den sie unbedingt näher kennenlernen wollte.

Nachdem die jüngste Königstochter also genug geweint hatte, beschloß sie, einfach daheim zu bleiben. Zunächst waren alle Bewohner des Palastes erstaunt, auch die Königin fragte überrascht, ob sie denn nicht fortziehen wolle. Doch als die Königstochter bestimmt erklärte, sie bleibe da, so war es allen recht, und niemand fragte mehr danach. Schließlich war es ja ihre Sache, ob sie Königin werden wolle oder nicht.

Oft hatte sie jetzt etwas in der Küche nachzuschauen; fragte nach, was denn zu Mittag gekocht würde; erkundigte sich, ob auch alles Notwendige eingekauft sei oder ging nach dem Essen noch schnell hinunter, um zu erfahren, welches leckere Kräutlein die Suppe so fein hatte schmecken lassen. Natürlich stellte sie es so an, daß sie möglichst in die Nähe des jungen Koches kam. Doch jedesmal, wenn eigentlich nur er da war, mit dem sie hätte reden können, verließ sie der Mut. Mit erhobener Nasenspitze und würdevollem Gesicht schritt sie dann schnell an ihm vorbei.

Auch der junge Koch fand die jüngste Königstochter ganz allerliebst. Doch auch er traute sich nicht, sie anzusprechen, schließlich war sie ja die Tochter der Königin und er nur ein einfacher Koch. Außerdem gewann er mehr und mehr den Eindruck, die Königstochter habe gar kein Interesse an ihm, ja sie würde ihn direkt verachten. Denn jedes Mal, wenn sie in seine Nähe kam, setzte sie eine eingebildete, hochnäsige Miene auf.

So verging einige Zeit. Die Königstochter verbrachte Stunden um Stunden damit, sich auszumalen, wie es wäre, mit dem jungen Koch befreundet zu sein. Oft sah sie es vor sich, wie sie versuchte, ihn anzusprechen. Doch dann dachte sie bei sich: „Ach, ich bin so schüchtern und feige. Es kann mir nicht gelingen. Außerdem bin ich eine Frau und die Tochter der Königin. Oh nein, das kann nicht gehen!" Dann war sie traurig und weinte. Weil sie im Grunde ihres Herzens jedoch eine Optimistin war und außerdem so verliebt in den jungen Koch, begann sie, sich vorzustellen, wie es wäre, wenn sie den jungen Koch ansprach und es ihr gelang!

So sprach sie eines Tages zu sich: „So, jüngste Königstochter, jetzt hast du genug geträumt und gehofft. Du kannst doch reden, also geh jetzt hinunter und sprich ihn an!" Und so geschah es. Sie ging in die Küche, ihr Herz klopfte zum Zerspringen. Aber sie sprach den jungen Koch an: „Höre, junger Koch, seit du bei uns im Palast bist und für uns das Mahl zubereitest, schmeckt mir jede Suppe gut!" Und das stimmte. Zwar hatte er nicht jede Suppe gekocht, das wußte die Königstochter nicht, er aber fühlte sich sehr geschmeichelt. Und jetzt erkannte der junge Koch auch das kleine Lächeln in den Augen der Königstochter, obwohl sie ein etwas hochnäsiges Gesicht hatte. Er bedankte sich und wußte weiter nichts zu sagen. Auch die junge Königstochter stockte. So kam es, daß die erste Begegnung der beiden sehr kurz war.

Wieder in ihrem Zimmer, schalt sich die Königstochter einen Feigling und Einfaltspinsel. „Oh, hätte ich doch noch etwas Liebes gesagt!" schimpfte sie mit sich selbst. Aber sie besann sich schnell und gab nicht auf. Schließlich war sie ja eine Optimistin. Schon am nächsten Tag ging sie nach dem Mittagessen in die Küche. Sie sprach: „Junger Koch, sag mir, welches Kräutlein tatest du in die Suppe?" Nun hatte tatsächlich der junge Koch die Suppe gekocht und antwortete: „Es war Pimpinelle, Königstochter." „Pimpinelle?" entgegnete sie, „das kenne ich nicht." Jetzt sah der junge Koch seine Stunde gekommen. Sein Gedanke war zwar verwegen, aber er wollte lieber verwegen erscheinen, als mit der jungen Königstochter in Gesellschaft der anderen Köche und Köchinnen reden zu müssen. So sprach er: „Königstochter, wenn du gestattest, so zeige ich dir die Pflanze im Kräutergarten." Niemand der umstehenden fand etwas Verwegenes oder gar Anstößiges an diesem Vorschlag. Denn sie wußten ja inzwischen alle, daß die Königstochter eine Küchenliebhaberin war und sich für alles, was in der Küche vor sich ging, interessierte. Allein die Königstochter lief rot an, als sie antwortete: „Nun ja, ich gestatte es schon, daß du mir die Pimpinelle zeigst."

So gingen die junge Königstochter und der junge Koch in den Garten und betrachteten die Pimpinelle. Da der junge Koch Gefallen an der Königstochter fand, gingen sie öfter in den Garten. Und endlich küßten sie sich auch im Garten – obwohl es sich für einen Koch eigentlich nicht gehörte, eine Königstochter zu küssen. Aber das war ihm egal.

Die Königin hatte natürlich längst bemerkt, was mit ihrer jüngsten Tochter und dem jungen Koch vor sich ging. Aber da sie eine weise Frau war, dachte sie bei sich: „Nun, ein Prinz ist er nicht, der junge Mann, den sich meine Tochter erwählt hat. Aber ein wirklich guter Koch, das muß ich sagen. Und wenn meine Tochter glücklich ist mit ihm, so soll es mir recht sein." Glücklich war die jüngste Königstochter. Oh, ja! Obwohl es sie so manches Mal störte, daß ihr Koch so nach Küche roch und wenig Zeit für sie hatte, weil er kochen mußte. Dann dachte sie in Liebe an ihn und entdeckte so viele andere liebenswerte Eigenschaften, daß der Küchengeruch ganz unwichtig wurde. So verbrachte die jüngste Königstochter glückliche Monate im Palast ihrer Mutter, ohne weiter nach ihrem Glück zu suchen.

Als sich das Jahr dem Ende zuneigte, dachte sie an ihre älteren Schwestern. Und da sie Sehnsucht nach ihnen hatte, beschloß sie, ihnen ein Stück des Weges entgegen zu gehen. Als sie die große Stadt schon weit hinter sich gelassen hatte, entdeckte sie in der Ferne einen Menschen, der eine Rose vor sich hertrug. Sie erkannte ihre älteste Schwester. Freudig fielen sie sich in die Arme und waren überglücklich, sich nach so langer Zeit wiederzusehen. Sie erzählten sich, was sie alles erlebt hatten, während sie heimwärts gingen. Als sie an einer Wegkreuzung anlangten, sahen sie eine Frau, die einen zusammengerollten Teppich auf dem Rücken trug. Es war die zweite Schwester. Fröhlich begrüßten sie sich und schritten plaudernd und lachend der Heimatstadt entgegen.

Als sie im Palast ihrer Mutter ankamen, herrschte dort großer Trubel, um die Königstöchter gebührend willkommen zu heißen. Kerzen brannten und Musik fing an zu spielen. Als die zwei ältesten Schwestern die Mutter begrüßt hatten, wurde es ganz still. Alle warteten gespannt, was nun geschehen würde. Welche Entscheidung würde die Königin treffen? Welche ihrer Töchter war am glücklichsten?

Da stand die Älteste: Abgearbeitet sah sie aus, mit festen Händen hielt sie eine rote Rose. Ihr Gesicht strahlte von innen.

Daneben stand die Zweite auf dem ausgerollten Teppich ihres Meisters. Glücklich lächelte sie und freute sich über die Schönheit des Werkes eines anderen.

Und da stand die Dritte. Rot glühten ihre Wangen. Verstohlen blinzelte sie dem jungen Koch zu, denn es waren alle aus dem Palast gekommen, um dem großen Ereignis beizuwohnen.

„Nun", sprach die Königin, „ich sehe, ihr seid alle drei glücklich!" Sie zögerte, dann fuhr sie lächelnd fort: „So seid ihr auch alle drei Königinnen!" Und so geschah es. Die drei Schwestern lebten glücklich und zufrieden und regierten in Eintracht das große Reich. Während sich die älteste um die armen Menschen kümmerte, befaßte sich die zweite mit dem Handwerk und brachte es zum Blühen. Die dritte bekam Kinder, sorgte für Haus und Hof und stand ihren Schwestern mit liebevollem Rat zur Seite.

Veronika Seiler

DIE GESCHICHTE VON DER AXT

Es ist schon viele Jahre her, da lebte hier ganz in der Nähe in einer kleinen Hütte am Waldesrand eine arme Frau mit ihren drei Söhnen. Der Vater war im Wald beim Holzhacken von einem umstürzenden Baum erschlagen worden. Nun mußte die Frau ihre Kinder alleine durchbringen. Vermögen war keines da, und es gab auch keine Verwandten, an die sich die Arme hätte wenden können.

Die ärmliche, nur mit dem nötigsten ausgestattete Hütte machte einen sauberen und hellen, ja man könnte fast sagen, heiteren Eindruck. Unermüdlich arbeitete die Frau, um ein paar Pfennige zu verdienen. Sie strickte Strümpfe aus der Wolle von zu klein gewordenen Socken ihrer Kinder, bastelte viel aus Materialien, die sie im Wald fand, sammelte je nach Jahreszeit Beeren, Früchte und Pilze und trug alles jede Woche auf den Markt, um es zu verkaufen.

Und ihre Söhne? Nun ja, vielleicht blieben sie zu oft sich selbst überlassen. Oder lag es am beengten Wohnraum? Mag sein, daß ihnen auch die strenge, aber gerechte Hand des Vaters fehlte. Jedenfalls waren sie einander nicht grün. Sie stritten täglich, belauerten einander, und keiner wollte den anderen in Frieden leben lassen. Die Mutter weinte sich darüber oft in den Schlaf.

Eines Nachts erschien ihr im Traum ihr verstorbener Ehemann. „Liebste Hilde", so sprach er, „nun wein doch nicht. Fasse Mut und unseren Großen bei der Hand, und gehe morgen mit ihm in den Wald bis zu der Stelle, wo mich der große Baum erschlug. Dort findest du am Fuße einer alten Eiche mein Beil. Übergib es unserem Heinrich und laß alles weitere geschehen." Noch ehe sie irgendeiner Reaktion fähig war, entschwand das Bild, und sie wachte verwirrt und mit klopfendem Herzen auf.

Doch sie tat, wie ihr geheißen. Am folgenden Morgen nahm sie ihren mürrischen und widerstrebenden Sohn mit in den Wald. Sie suchten lange im Moos und im Laub, und endlich rief Heinrich: „Da! Ich habe sie!" Er hielt mit beiden Händen die große, schwere Axt seines Vaters. Und plötzlich durchströmte ihn ein Gefühl der Kraft, Wärme und Freude, und es überkam ihn die unbändige Lust, drauflos zu hacken. Und das tat er dann auch.

Beglückt lief die Mutter rasch nach Hause, holte ihre beiden anderen Söhne, Hubert und Hans, und ihren alten Handkarren, und gemeinsam sammelten sie das ganze gehackte Holz auf.

Was soll ich sagen, in kürzester Zeit hatten sie sich einen hübschen Vorrat für den Winter angelegt.

Bald darauf begannen sie, gehacktes und gebündeltes Holz auf den Markt zu tragen und zu verkaufen. Auf diese Weise verschafften sie sich ein bescheidenes, aber regelmäßiges Einkommen. So kehrte endlich Freude und Frieden in ihr Heim zurück.

Manches Abenteuer mußten sie noch bestehen. Und so rankten sich viele Geschichten um das kleine Haus am Waldesrand.

Elke Seifert

DER AUSTAUSCH

In einem Dorf leben zwei befreundete Familien Hof an Hof.

Familie Weis hat vier Kinder, einen kleinen Bauernhof und nicht viel Geld und freie Zeit. Trotzdem hat die Familie viel Spaß zusammen. – Familie Schwarz hat auch vier Kinder, aber einen großen Bauernhof und viel Geld, also auch zwei Knechte und eine Köchin. Die Kinder müssen daheim nicht helfen – nicht so wie bei Familie Weis.

Seit einiger Zeit streiten die acht Kinder immer häufiger miteinander. Die Schwarz-Kinder sagen: „Ihr habt doch kein Geld, also dürft ihr nicht mehr mit uns spielen." Dann fühlen sich die Weis-Kinder ungerecht behandelt, und schon geht die Rauferei los.

Die Eltern der Kinder aber sind gute Freunde, die sich gegenseitig helfen und unterstützen, und so beraten sie, was zu tun sei. Sie kommen zu einem ungewöhnlichen Entschluß:

„Wir tauschen unsere Kinder für zwei Monate aus."

Nach zwei Monaten wollen die Schwarz-Kinder nicht wieder zurück. Ihnen macht es Spaß, am Abend vor dem Zubettgehen noch ein Spiel zu spielen, nachdem sie am Tag mithelfen mußten. Sie genießen es, gebraucht zu werden.

Aber die Weis-Kinder können es kaum erwarten und sind glücklich, endlich wieder in ihrem Zuhause zu sein.

Seit diesem Austausch hat sich einiges verändert bei Familie Schwarz, und es wird mehr gespielt und gelacht.

Und die Freundschaft der Kinder? Die wächst.

Alexander Broß

DIE KLEINE PRINZESSIN

Es war einmal eine kleine Prinzessin. Sie war immer lustig, fröhlich und gut gelaunt und hatte am Hof viele Spielgefährten. Sie war sehr hilfsbereit und versuchte immer, es jedem recht zu machen. Doch eines Tages war sie mit diesem Leben nicht mehr zufrieden. Sie dachte bei sich, es muß doch auch anders gehn. Ich möchte nicht nur das tun, was die anderen wollen, sondern auch das, was mir gefällt. Und so sagte sie auch mal nein. Da war sie plötzlich allein, keines der anderen Kinder kam mehr zu ihr, um mit ihr zu spielen. Das machte sie sehr traurig.

Es vergingen einige Jahre, und die kleine Prinzessin wuchs zu einer schönen Jungfrau heran. Sie hatte das Alleinsein satt und suchte ihr Glück in der großen, weiten Welt. Sie reiste weit herum, und weil sie so schön und liebenswert war, hatte sie bald viele Freunde. Darunter waren auch Prinzen, die die Prinzessin umwarben und um ihre Hand anhielten. Weil ihr Herz aber nicht glücklich war, sagte die Prinzessin immer wieder nein. So fuhr sie schließlich nach Hause, und im ganzen Land verbreitete sich die Kunde, daß der Prinzessin kein Prinz gut genug sei. Das machte sie wieder sehr traurig.

Eines Nachts kam eine wunderschöne Fee ins Zimmer. Die Prinzessin wachte auf und erschrak. Da sprach die Fee: „Liebe Prinzessin, sei nicht traurig. Hör nicht auf das, was die anderen Menschen von dir sagen. Hör auf dein Herz und dein Gefühl, und du wirst den richtigen Prinzen für dich schon finden." Als die Fee verschwand, wußte die Prinzessin nicht, ob es ein Traum oder Wirklichkeit gewesen war. Es vergingen ein paar Tage, und plötzlich stand ein Königssohn vor ihrer Tür und hielt um ihre Hand an. Das Herz der Prinzessin fing sofort Feuer und flammte auf, und da wußte sie, dies war der Richtige.

Kurz darauf feierten sie ein wunderschönes Hochzeitsfest, und ein Jahr später wurde ihre Tochter geboren. Von diesem Augenblick zog sich die Prinzessin von allem zurück und war nur noch für ihre kleine Tochter und ihren Mann da. Doch es dauerte nicht lange, da verabredete sich der Prinz immer häufiger mit seinen Freunden und ließ die Prinzessin alleine. Das machte sie wieder sehr traurig.

Sie weinte viel und verlor ihre Fröhlichkeit. Da kam die Fee wieder zu ihr ins Zimmer herein und sprach: „Prinzessin, warum weinst du? Es liegt in deiner Hand, wie deine und eure Zukunft wird. Verkriech dich nicht – geh hinaus, such dir Freunde, lade sie ein. Unternimm auch du etwas, und beklage dich nicht über deinen Mann. Laß ihm seine Freiheit."

Die Prinzessin nahm sich die Worte der Fee sehr zu Herzen. Sie suchte sich Freunde, feierte Feste und beklagte sich nicht mehr über ihren Mann. Und siehe da, ihre Fröhlichkeit kehrte zurück und machte sie noch liebenswerter als je zuvor.

Und so lebten sie glücklich und zufrieden bis an ihr Lebensende.

Edeltraud Zinsmeister

DAS KLEINE „ICH-KANN-NICHT"

Es war einmal ein kleines „Ich-kann-nicht". In den letzten Jahre hatte es ein gutes Leben geführt. Heute ist das kleine „Ich-kann-nicht" traurig. Es muß sich eine neue Heimat suchen.

Seit es seinen Vater „Das-kannst-du-ja-doch-nicht" und seine Mutter „Das-kannst-du-noch-nicht" verlassen hatte, hatte es im Kopf eines kleinen Jungen gelebt und durch seinen Mund gesprochen, denn das kleine „Ich-kann-nicht" selbst war stumm und brauchte einen Menschen, um sich bemerkbar zu machen.

Wann immer der Junge gebeten wurde, etwas zu tun, das kleine „Ich-kann-nicht" war zur Stelle. Egal ob zuhause oder in der Schule, die beiden waren unzertrennlich. So lebte das kleine „Ich kann nicht" glücklich und zufrieden vor allem dann, wenn der Junge sein Zimmer aufräumen, sich täglich die Zähne putzen, seine Zahnspange regelmäßig tragen und die Haare kämmen sollte oder wenn die Hausaufgaben zu machen waren, am Abendbrottisch alle auf seine „5-gute-Dinge-Geschichte" warteten, etwas einzukaufen war, der Müll nach unten gebracht oder der Fernseher ausgeschaltet werden mußte.

In der Schule freute sich das kleine „Ich-kann-nicht" auf fast jede Stunde. Bis auf die Musikstunden, die waren ihm von Anfang an unheimlich. Dort schüttelte es sich und machte sich noch kleiner. Aber in Mathe, Deutsch, Englisch, Geschichte und Sport waren das kleine „Ich-kann-nicht" und der Junge ein nicht zu schlagendes Team. Es fühlte sich dann oft so gut, daß es seinen Freund, den „Wozu-braucht-man-den-Quatsch", zu sich einlud. Die beiden verlebten glückliche Stunden, und da sie sich nicht so schnell trennen wollten, blieben sie noch bis zum Abend zusammen, zumindest bis sie die Hausaufgaben so richtig mies gemacht hatten.

Das kleine „Ich-kann-nicht" lebte also glücklich in den Tag hinein. Nur manchmal mußte es sich ganz klein machen und den Mund halten. Zum Beispiel, wenn im Sommer die drei Autos vor dem Garten parkten und der Junge sie putzen wollte. Brrrrr, das war gerade noch zum Aushalten für das kleine „Ich-kann-nicht". Aber ... es sollte viel schlimmer kommen. Plötzlich wollte der Junge Rasen mähen, und weil er das zuhause nicht immer durfte, ging er zu Oma Kobel und Tante Storli. Dort mähte er nach Herzenslust, schnitt die Hecke, harkte den Weg und spielte Computer. Und weil er das alles freiwillig und mit großer Freude tat, blieb das kleine „Ich-kann-nicht" lieber zuhause, hockte sich auf den Briefkasten vor der Tür und wartete, bis der Junge zurückkam.

Eines Tages, das kleine „Ich-kann-nicht" hatte fleißig gearbeitet, schlief es mitten in einer Deutschstunde vor Erschöpfung ein. In diesem Moment merkte der Junge, daß die Grammatik gar nicht so schwer war, wie er immer gedacht hatte – er verstand sie auf einmal. Das kleine „Ich-kann-nicht" schreckte auf und ärgerte sich furchtbar darüber. Aber ihm blieb noch genügend Platz und Erfüllung.

Die Zeit verging, und der Junge bekam eine Nachricht mit nach Hause. Es ging um die bevorstehende Klassenfahrt. Sie lautete wie folgt:

„… Die Teilnahme Ihres Kindes an der Klassenfahrt steht unter Vorbehalt. Ich erwarte von ihm, daß er sich auf seine schulischen Pflichten besinnt, Ermahnungen ernst nimmt und Anordnungen der Lehrer befolgt."

Der Junge war enttäuscht, wütend und sehr ärgerlich, währenddessen das kleine „Ich-kann-nicht" triumphierte. … Aber das Ende der Freundschaft sollte schneller kommen, als erwartet. Nach ruhigem Überlegen entschied sich er Junge: „Ich will mitfahren!" Und er staunte nicht schlecht, als er merkte, daß er alles kann, wenn er nur will. Von diesem Tag an fühlte sich das kleine „Ich-kann-nicht" sehr, sehr unwohl, und es erkannte, daß es keinen Platz mehr hatte in dem Jungen. Nun war die Zeit gekommen, und schweren Herzens begab es sich auf die Suche nach einem neuen Zuhause.

Gebt acht, daß es nicht bei euch einzieht! Und überlegt schon mal, war ihr tun werdet, wenn aus eurem Mund das kleine „Ich-kann-nicht" plötzlich spricht.

Sibille Bühring

RETTUNG FÜR WIRR-WACHSIA

Es war einmal ein wunderbares Land, genannt Wirr-Wachsia. Dieses Wirr-Wachsia glich dem Schlaraffenland, aber nur für den, der ganz genau, mit beiden Augen hinsah. Wer hinsah, erkannte die Vielfalt und Schönheit der Natur und des Himmels und seiner Bewohner mit all ihren Sitten und Gewohnheiten.

Wirr-Wachsia entwickelte sich prächtig. Seinen Bewohnern ging es gut; jeder hatte ausreichend zu essen und zu trinken und genügend Freiraum und Gelegenheit, fast all seine Wünsche auszuleben. Auch das erkannte nur der, der ganz genau, mit beiden Augen hinsah.

Eines Tages zog unverhofft eine große Dunkelheit ins Land. Niemand konnte sich erklären, warum und woher sie kam. Sie war einfach da. Tag für Tag wurde es dunkler, bis die Wirr-Wachsianer nicht mehr wußten, ist es nun Tag oder Nacht? Haben wir Frühling oder Winter? Scheint die Sonne noch für andere, nur für uns nicht?

Aber es kam noch schlimmer! Eines Tages begann der große Regen, und es wurde noch dunkler. Und mit dem Regen kam die Kälte. Die Kälte stieg den Wirr-Wachsianern zuerst in die Füße und kletterte dann höher und höher bis in ihre Herzen hinein. So wurde es endgültig dunkel in Wirr-Wachsia. Auch das merkte nur der, der ganz genau, mit dem Herzen, mit seinen beiden Augen hinsah.

Aber es hatte auch sein Gutes ... Es gab nämlich ein paar Wirr-Wachsianer, denen die Dunkelheit, der Regen und die Kälte nichts anhaben konnten. Und das waren Glitzersternchen, Struppko, Sintra, Lakrea, Herzchen und Flatterli. Diese ganz besonderen Wirr-Wachsianer kannten sich untereinander noch nicht. Sie lebten verstreut in ganz Ober- und Unter-Wirr-Wachsia.

Wie der Zufall es wollte, trafen sich die Sechs in einer sturmfesten Höhle während der ausgeprägten Sintflut. Herzchen hatte sich ein Feuer bereitet, und wer wollte, durfte sich an sie kuscheln oder am Feuer wärmen. Sintra und Lakrea empfingen jeden neuen Gast in liebevoller Weise. Struppko wurde ganz besonders verwöhnt. Unterdessen suchte Glitzersternchen ihre Provianttasche, als plötzlich Flatterli völlig atemlos in die Höhle purzelte. Sie schmiß einen großen Rucksack auf den Boden und begrüßte die anderen freundlich. Aus dem Rucksack tauchte ein Leckerbissen nach dem anderen auf. Allen lief das Hungerwasser im Mund zusammen. Da sagte Flatterli auch schon: „Bedient euch, ihr seid bestimmt genauso hungrig wie ich." Hm, war das ein Schmatzen und Schlürfen! Jeder nahm, was er wollte, bis er sich wohl und gesättigt fühlte.

Dann stellten sie sich einander vor, und weil der Regen nicht aufhörte, konnten sie sich viel erzählen und sich näherkommen. Das gab es sonst nirgends mehr in Wirr-Wachsia.

Flatterli war weit gereist und berichtete über interessante Begebenheiten. Sie hatte schon vieles aus Neugierde ausprobiert und verdiente ihren Lebensunterhalt mit Märchenerzählen.

Auch Struppko hatte dank seiner Willensstärke schon so manche Schwierigkeit gemeistert und konnte viel aus einer völlig anderen Perspektive erzählen. Glitzersternchen gab zu jedem ihren Kommentar ab. Sie war unbestritten die weiseste von allen. Die ruhige Sintra nahm alles mit all ihren Sinnen in sich auf und nickte nur dazu. Ihre Sicherheit wirkte beruhigend auf die anderen. Lakrea hörte aufmerksam zu, brachte einfühlsam ihre Gedanken vor und probierte auf die eine oder andere Weise, ihre Freunde zu ermutigen. Herzchen breitete ihre Arme aus, lächelte liebevoll und drückte sie alle innig an sich. Jeder konnte ihre Wärme sofort spüren.

Und wie sie so saßen und plauderten, wurde der Regen leichter. Es platschten keine dicken, schweren Tropfen mehr vor der Höhle herunter. Aber hinausgehen konnte niemand. Es schien, als wäre Wirr-Wachsia voll Wasser gelaufen und die Höhle die einzige trockene Stelle in dieser Welt.

Die Sechs überlegten, was sie tun sollten. Können sie je wieder weiterreisen? Wann würde der Regen aufhören? Könnten sie ihn stoppen? „Wie retten wir Wirr-Wachsia?" lautete die Frage. Da rief Glitzersternchen plötzlich: „Ja, natürlich können wir die Welt retten! Denn auf der großen Weisheitstafel steht geschrieben: ‚Kleine Schwierigkeiten löse sofort; an den großen kannst zu wachsen!' Wir müssen uns das Problem ganz genau ansehen und dann überlegen, was wir dagegen halten können – unsere Lebensziele zum Beispiel und unsere Fähigkeiten und Qualitäten. Wir ermutigen uns gegenseitig und geben uns wieder Kraft. Und dann finden wir ganz bestimmt eine Lösung." – „Ja, das denke ich auch", sagte Flatterli. „Wißt ihr, ganz früher wollte ich unbedingt eine gute Fee werden. Leider gab es keinen Zauberstab mehr, und so wurde ich letztlich eine Märchenerzählerin. Allerdings habe ich drei Jahre bei der lieben Arabella gelernt. Wenn ich mir ein wenig Mühe gebe, fallen mir die Zaubersprüche bestimmt wieder ein." Und Struppko fragte: „Woher bekommen wir denn hier einen Zauberstab? Soll ich vielleicht einen schnitzen? Ich kann das nämlich. Ich tauche und schwimme zum nächsten Baum und breche einen Zweig ab." Da lachte Herzchen und erwiderte: „Na, vielleicht finden wir auch noch eine trockenere Lösung!" Und Lakrea meinte: „Wir müssen die Lösung in uns selber suchen." – „Da gebe ich dir völlig recht", erwiderte Sintra. „Wenn ich es recht bedenke, können unsere hervorragenden Qualitäten einen Zauberstab glatt ersetzen. Glitzersternchen gibt ihre Weisheit, Struppko seine Willensstärke, Lakrea ihr Gefühl, Herzchen ihre Liebe, Flatterli ihre Neugierde, und ich gebe die ruhige Kraft. Alles zusammen soll uns ans Ziel bringen und Wirr-Wachsia retten. Mal sehen, ob es funktioniert."

Sie standen auf, sahen einander fest in die Augen, öffneten ihre Ohren und Herzen, und ihre Hände trafen sich sternförmig in der Mitte. So bildeten sie gemeinsam eine Kraftquelle. Sie spürten die ungeheuerliche Energie, die ihr entströmte. Und mit einem Mal ging die Sonne auf, draußen vor ihrer Höhle. Noch tropften die Pflanzen und Steine vor Nässe, noch spiegelte sich das gleißende Licht in den Pfützen, und noch konnten die Sechs nicht begreifen, was sie sahen. Glücksgefühle durchströmten ihre Körper, wurden wellenförmig von einem zum anderen übertragen, machten frei und leicht.

Nach einer Weile beschlossen Glitzersternchen, Struppko, Sintra, Lakrea, Herzchen und Flatterli überall in Wirr-Wachsia von dem wunderbaren Erlebnis zu erzählen und die Kraftquellen eines jeden Bewohners wieder zu erwecken. Sowohl gemeinsam als auch jeder auf seine Weise begegnete man fortan dem Regen, der nur noch ab und zu als leichter Niederschlag herunterkam. Und wenn Flatterli den Kindern von der Sintflut erzählte, bekamen sie große, staunende Augen.

Welches Kind weiß heute noch, was eine Sintflut ist?

Iris Schlotter

DES IGELS ZARTE HAUT

Es lebte einmal eine Igelfamilie in einem kleinen Häuschen nahe dem Waldesrand. Alle vier Mitglieder der Familie hatten sehr unterschiedliche Stacheln. Vater Igel hatte dicke, Mutter Igel ganz feine. Igelsohn Stachus hatte lange dünne, und die von Igelsohn Dornitius waren sehr scharf. Er war der Jüngste und oft sehr aufsässig.

Manchmal hatte die Familie alle ihre Stacheln eingezogen und zeigte ihre sanfte, glatte Oberfläche. Ja, dann hatten sich alle richtig lieb und mochten sich gerne aneinanderschmiegen und streicheln. Mama Igel genoß diese Momente sehr, war sie doch diejenige, die ihre feinen Stacheln nur selten zeigte.

Bei den Igelmännern war das anders. Sie hatten stets ihre Stacheln aufgerichtet, um sich zu schützen, denn jeder hatte Angst, vom anderen verletzt zu werden, denn Igel haben eine besonders zarte Haut. Ab und zu kämpften sie richtig miteinander – jeder wollte sein Recht durchsetzen und vor allem Bedeutung haben. Und dann war Mama Igel immer sehr traurig.

Eines Tages sagte sie: „Ich will mit den ewigen Angriffen nicht mehr leben!" und drohte, das Igelhaus zu verlassen und erst dann wiederzukommen, wenn jeder der Igelmänner erkannt hat, daß er ein wertvoller und liebenswerter Igel ist und jeder den anderen achtet in seiner Art. „Ha, ha!" lachte da der älteste Sohn Stachus, „sie kommt ja doch vor Sonnenuntergang zurück!" – „Nein!" schrie Dornitius – er schrie immer, wenn er sich im Unrecht oder bedroht fühlte. „Ich kenne Mama, ich will nicht, daß sie weggeht. Ich habe Angst, sie kommt nicht wieder zurück." Und Vater Igel brummte nur vor sich hin.

„So! Ihr nehmt mich nicht ernst", sagte die Igelmutter und nahm auch schon ein Päckchen Futter und viel Milch, verabschiedete sich und verschwand. Die Igelmänner waren sprachlos, als sie nun alleine in ihrem Häuschen zurückblieben. Das hatten sie nicht erwartet.

Weil Mama Igel ihre drei Igelmänner aber sehr, sehr lieb hatte, ließ sie sie keinen Moment aus den Augen. Sie hatte nämlich ein Zauberguckrohr. Mit diesem Zauberguckrohr konnte sie durch Wände sehen und hören. Und so sah sie genau, was in ihrem Zuhause vor sich ging und staunte nicht schlecht, als sie bemerkte, daß sich die Igelmänner nach anfänglichen Schwierigkeiten ausgezeichnet verstanden.

Da erkannte sie, daß auch sie einen Anteil hatte an den Schwierigkeiten. Sie machte sich viele Gedanken über das Leben ihrer kleinen Familie und über sich selbst. Dabei wurde ihr Herz immer leichter und ihre Gefühle immer intensiver. Und so beschloß sie, nach Hause zu ihren geliebten Igelmännern zurückzukehren. Zunächst aber pflegte sie ihre feinen Stacheln und puderte ihre zarte Haut.

Schon am Wegesrand wurde sie sehnsüchtig erwartet. Alle umarmten sich und weinten vor Glück, und kein einziger Stachel war zu sehen. Sie hatten ihre weiche, sanfte und liebenswerte Igelhaut gepudert und schmiegten sich aneinander.

Von nun an spreizten sich die Stacheln nur noch ab und zu und immer nur ganz kurz, denn sie wußten, daß sie es nicht mehr nötig hatten, miteinander zu kämpfen. Weil ein jeder der Igel ein guter Igel war.

Astrid Winkler

DAS KLEINE HERZCHEN
NAMENS ERI

Vor vielen, vielen Jahren wurde ein Herzchen geboren, das den Namen Eri erhielt. Es war klein und kräftig, wurde von allen Seiten begutachtet, geprüft, ge-
messen und schließlich für gut befunden. Von
Anfang an war es sich seiner sehr wichtigen Aufgabe
bewußt. Um es herum mußte vieles funktionieren,
damit es selbst leben und wachsen konnte. Es pochte
und klopfte immer im gleichen Rhythmus lustig vor
sich hin und erfreute sich an jedem neuen Tag. Seine
Erwartungen waren groß, was wohl das bevorstehende Leben mit sich bringen würde.

Es verging eine längere Zeit, in der Eri ganz ruhig
und ausgeglichen, in einem harmonischen Einklang
mit dem Ganzen, ohne besondere Vorkommnisse
lebte. Sie wurde größer und kräftiger und war für ihre
wichtige Aufgabe immer besser gerüstet.

Eines Tages dachte sie bei sich: „Es ist genug. Ich
will noch mehr tun, als immer nur pochen und klop-
fen." Da meldete sich von weit oben eine sanfte
Stimme, und Eri hörte aufmerksam zu. „Liebe kleine
Eri, ich bin der König aus dem Reich der Gedanken.
Wie ich sehen kann, bist du nun groß genug, um alle
verantwortungsvollen Aufgaben in deinem weiteren
Leben zu erfüllen. Darum werde ich dir aus meinem
Gedankenreich königliche Diener schicken, die ich
Gefühle nenne, die meinen Befehlen gehorchen und
dich führen und begleiten werden. Jeder meiner Die-

ner hat einen Namen, den du dir gut merken mußt. Aber es liegt ausschließlich in meiner Macht, für alles das, was um dich herum geschieht, diese Diener zu deinem Wohle einzusetzen. Vergiß nie, nur durch mich werden sie deine Wünsche erfüllen. Vergiß auch nie, mich, den König, zu fragen, was du in deinem zukünftigen Leben möchtest, denn für deine Wünsche werden dir die Diener dein ganzes Leben lang hilfreich zur Seite stehen.

Deine große Aufgabe wird es sein, viel zu lernen, um eine hohe Bildung zu erreichen. Und meine Diener werden deine Lehrer sein. – Es werden dir viele Herzen auf deinem langen Weg begegnen, mit denen du eine Verbindung eingehst, wenn ich es wünsche. Achte darauf, daß der Weg zu dir immer frei und offen bleibt. Ich werde dir nun meine Diener schicken. Sie sollen für immer und ewig deine Helfer sein." So sprach der König der Gedanken, und schon erschienen die Diener und begannen, sich bei Eri vorzustellen.

„Ich bin die Liebe", sagte eine zarte, leise Stimme. „Und als Zeichen meiner Schönheit bringe ich dir eine Rose mit. Ich habe den Wunsch, immer bei dir zu sein, damit ich dich in deinem ganzen Leben erfüllen kann." In strahlendem Glanz kam die Freude. Sie war so fröhlich und lachte, und mit freudiger Stimme sagte sie: „Wenn du mich bei dir einläßt, so wird es dir dein ganzes Leben gut gehen. Alles, was du tust, werde ich dir erleichtern." Gleich darauf stellte sich in hellen Farben das Glück ein. „Ich bin das Licht, damit du deinen Weg leichter finden kannst. Ich will bei dir sein, wenn es dir gut geht." Auf ganz leisen Sohlen und beide Hände weit geöffnet stand nun die Zuneigung vor Eri. „Wer bist du, daß du so offen zu mir kommst?" fragte Eri. Und die Zuneigung erwiderte: „Ich werde dir in deinem Leben viele Brücken bauen. Gehe über diese Brücken, damit du den Weg zu den anderen Herzen findest." Ganz gebeugt und etwas müde kam nun die Demut. „Ich werde für Ausgeglichenheit in deinem Leben sorgen, damit du deine Aufgaben und den großen König der Gedanken nicht vergißt."

„Du sollst nicht alleine sein!" rief sodann die Zugehörigkeit. „Ich will, daß du dich mit den anderen Herzen verstehst, ihr euch gegenseitig helft und eine große Gemeinschaft bildet." – „Ich bin die Enttäuschung", sagte eine etwas traurige Stimme. „Wenn ich bei dir bin, weißt du, daß sich die Liebe und Freude zurückgezogen haben, weil sie keinen Platz mehr bei dir finden konnten." Da wurde Eri ganz traurig, aber sogleich ertönte aus dem Hintergrund: „Ich kann dir helfen, denn ich bin die Trauer, um dir beizustehen, wenn meine Freunde, die Liebe, Freude und das Glück, nicht zu dir können oder dich für einige Zeit vergessen haben."

Eri nahm all ihre Kräfte zusammen, denn die Aufgaben, die sie in ihrem Leben zu erfüllen hatte, schienen ihr doch sehr groß. Und noch standen einige Diener vor der Tür.

Nun erschien ein Geselle mit dunklem und grimmigem Gesicht. „Warum sprichst du nicht?" wollte Eri wissen. Er drehte sich mehrmals um und schaute noch grimmiger als zuvor. Eris Gefühl verriet ihr, daß es nur die Angst sein konnte, die da vor ihr stand. „Wenn ich bei dir eingekehrt bin, dann nur, weil ich dich auf große Gefahren hinweisen und dich zu deiner Sicherheit ausreichend schützen will", so sprach die Angst zu ihr.

Nun hatte sich der letzte Diener angekündigt. Mit Gepolter und lautem Geschrei kam eine finstere Gestalt mit einem großen Säbel bewaffnet auf Eri zu. Sie wollte schon die Angst um Hilfe rufen, da hob dieser seltsame Helfer zu sprechen an: „Ich bin der Haß. Wenn du mich rufst, werde ich mit meinen Waffen alles zerstören. Nimm dich in acht, denn ich kann nur schwer meine Grenzen finden und so auch dich treffen."

Gut gerüstet mit den vielen königlichen Dienern um sich herum, sah Eri auf ihre große Lebensaufgabe mit Gelassenheit. Sie war gewachsen und hatte viel Kraft gesammelt, um das lebenswichtige Pochen und Klopfen sorgfältig zu erfüllen.

So kam es, daß Eri eines Tages wohlige Wärme verspürte und plötzlich von zwei großen Herzen umgeben war. Sie erkannte in ihnen Silke, das Mutterherz, und Tobias, das Vaterherz. Geschwind standen Eris Diener wie versprochen hilfsbereit an ihrer Seite. Die Freude kam, und das Glück folgte hinterher. Die Zugehörigkeit eilte herbei und baute zu den Elternherzen die vorhergesagten Brücken, so daß Glück und Freude von Herz zu Herz fließen konnten. Nach diesem ersten großen Erlebnis stellte sich bei Eri die Liebe ein und erfüllte sie ganz und gar. Und sie spürte, daß auch in den beiden Elternherzen die Liebe geblieben war. „Ja, das sind sie wohl, die königlichen Diener, die mir Kraft für mein Leben und eine hohe Bildung geben", dachte Eri bei sich. Und sie wuchs heran in diesem festen Glauben und vergaß ihr Pochen und Klopfen nicht und entwickelte sich prächtig zwischen ihren beiden Elternherzen.

Immer, wenn Eri abends müde war, kamen Silke und Tobias, brachten ihre guten Diener mit, erzählten ganz liebe Geschichten, lachten und sangen und verbündeten sich mit dem Gefühl der Liebe und Zugehörigkeit mit Eri.

Das Leben war voller Freude. Jeden Tag gab es etwas Neues zu entdecken, und wenn es nicht so ging, wie Eri es sich vorstellte, schickte der König der Gedanken auch mal seinen Helfer Enttäuschung vorbei, der aber meistens schnell wieder gehen konnte. Mit viel Schwung, Elan und großer Neugierde lernte Eri die Dinge dieser Welt kennen. Und immer waren Silke oder Tobias bei ihr, ermutigten sie liebevoll und gaben reichlich Unterstützung.

Als Eri wieder einmal auf Entdeckungsreise war, es aber nicht so recht gelingen wollte, und sie sich hilfesuchend umschaute, sah sie ein zärtliches, liebevolles Lächeln. – „Du schaffst das schon!" war die Botschaft, die von ihren Elternherzen kam. Und so war es dann auch.

Ab und zu hörte Eri, wie sich Silke und Tobias mit anderen Herzen unterhielten. „Eri, unser liebes Herzchen, ist der Mittelpunkt unseres Lebens. Sie macht uns so viel Freude. Wir haben sie sehr, sehr lieb." Da kam nun ein ganz neuer Diener mit den Worten: „So, wie du bist, bist du gut genug!" – „Dich kenne ich nicht", sagte Eri verwundert. Sogleich meldete sich der König der Gedanken und sprach: „Das ist kein königlicher Diener. Das, liebe Eri, soll von nun an der Maßstab deines Lebens sein. Vergleiche es mit einer Wurzel, die ein Bäumchen hervorbringen soll. Immer, wenn du an diese Worte denkst, wird die Wurzel Nahrung finden. So wird dann ein Baum entstehen, der all die schönen Früchte deines Lebens hervorbringt, die dir die guten Diener vermitteln und an dem deine fortschreitende Bildung zu erkennen ist. Vergiß nie, die Wurzeln deines Bäumchens zu hegen und zu pflegen! Denn sonst wird dieses Bäumchen verkümmern, und du kannst die Früchte deines Lebens niemals ernten."

Eri befolgte die Worte des Königs der Gedanken. Sie war mit ihren Elternherzen stets verbunden, zudem sehr selbstbewußt und aufgeschlossen und fühlte sich rundum verstanden und angenommen. Eri hatte ihren Platz im Leben gefunden; ihre Bildung entwickelte sich stetig, so daß ein zartes Strahlen an ihr zu erkennen war. So vergingen viele Monate und Jahre voller Glück und Freude.

Eines Tages, Eri war allein zuhause, kamen einige große Herzen. Eri kannte sie nicht und rief den Diener Angst zu Hilfe. Die großen Herzen nahmen Eri einfach mit in ein altes Haus. Sie landete in einem Raum, wo viele kleine Herzen waren. „Was ist geschehen?" wollte Eri wissen. Im Hintergrund konnte sie Stimmen hören, die von Unglück, Auto, Verletzungen und Tod sprachen. Der Diener Angst umklammerte Eri ganz fest, daß sie kaum mehr pochen und klopfen konnte.

„Ich möchte zu meinen Elternherzen! Wo sind sie? Warum sind sie nicht hier? Wann werden sie kommen und mich mitnehmen?" weinte Eri. Ein großes Herz antwortete: „Von nun an mußt du ein anderes Leben führen. Deine Eltern sind in eine ferne geistige Welt eingetreten, wohin du ihnen nicht folgen kannst." Alles Bitten und Flehen, die geliebten Eltern zurückzuholen, half nichts, und so flossen viele Tränen über Eri. Und zu der Angst kam mit einem großen Mantel die Trauer, die Eri einhüllte. Sie wurde ganz klein, zog sich zusammen; das Pochen und Klopfen wurde noch schwerer, bis Eri eingeschlafen war.

Am nächsten Tag wurde sie vielen großen Herzen vorgestellt. „Das ist die Neue", hieß es. „Sie wird fortan bei uns sein. Zeigt ihr, was sie bei uns zu tun und zu lassen hat, und macht sie auch mit den Strafen vertraut." Eri, erfüllt von Angst und Trauer und ohne die Helfer Zugehörigkeit und Freude, fügte sich nur schwer und erst nach langer Zeit in diese Gemeinschaft ein.

Langsam versuchte sie, wieder auf Entdeckungsreise zu gehen, um in ihrer Bildung voranzukommen. Aber jedes Mal wurde sie zurückgestoßen, ermahnt und beschimpft, so daß sich Eri sehr bald ganz zurückzog und das Vertrauen in ihre Fähigkeiten verlorenging.

Nachts, wenn sie alleine war und niemand sie hören konnte, sprach sie mit Silke und Tobias, öffnete sich für sie, empfand die große Zuneigung erneut und weinte sich schließlich in den Schlaf. Dies wiederholte sich Nacht für Nacht, und so blieb Eri über den Diener Liebe mit ihren Elternherzen verbunden.

Am Tage war nie ein zärtliches Lächeln oder wohlige Wärme zu spüren. „Du bist nichts besonderes", sagte ein großes Herz. „Wenn du nicht das tust, was ich will, werde ich meinen Diener Haß zu Hilfe rufen. Und du weißt, daß er vieles zerstören kann." – Auch die Diener der Zuneigung und der Freude blieben aus. Statt dessen hatte die Entmutigung Eri nun ganz umschlungen, und mit ihr waren die Angst und Trauer und die Enttäuschung ihre ständigen Begleiter.

Es vergingen viele Jahre, und als Eri groß geworden war, dachte sie: „Ich muß mich aufmachen, um die Herzen der Welt kennenzulernen." Und so begab sie sich auf die Reise und begegnete vielen Herzen. Doch die meisten hatten ihre Diener der Liebe und der Freude vergessen, so daß auch bei ihnen die Enttäuschung eingezogen war und nicht mehr gehen wollte.

„Ich will mir ein Herz suchen und all meine treuen und guten Diener einsetzen." Denn Eri hatte ja erfahren, daß zwei Herzen, so wie ihre Elternherzen, zusammenschmelzen können, so daß die guten Diener der Freude und des Glücks und schließlich auch der Liebe stets anwesend sind. Und tatsächlich, ein Herz wurde ihr anvertraut. Doch sehr bald erkannte sie, daß sie selbst ringsherum verschlossen war und daß das ihr anvertraute Herz auch keinen Zugang hatte. Sie hatte die Warnung des Königs der Gedanken vergessen und die Wurzeln ihres Bäumchens nicht gepflegt. „Du bist ...", ihre Gefühle ließen sich nicht lenken und trieben ein buntes Spiel mit ihr. Da rief der König der Gedanken: „Geh und finde jemanden, der dir hilft und deine Schale öffnen kann!"

An einem stillen Ort, in einem schönen Haus, waren zwei gute Herzen, die die Sorgen von Eri kannten. Sie hatten es sich zur Aufgabe gemacht, verschlossenen, verlorenen und suchenden Herzen zu helfen, damit wieder Freude und Glück in sie gelangt. Eri arbeitete lange Zeit an ihrer Bildung und an all dem, was vergessen und verloren schien. Und schließlich konnte sie ihre harte Schale wieder öffnen und viel Licht und den Duft der Rosen in sich aufnehmen.

Und endlich war es dann soweit. Der König der Gedanken rief seine Diener zur Ordnung, so daß bei Eri die Gefühle der Angst und Enttäuschung ganz klein wurden und endlich verschwanden. Die ersehnte Liebe und Freude und das Glück wagten sich aus ihren Schlupfwinkeln, und Eri begann in liebevoller Weise, wieder geistige Verbindung zu ihren Elternherzen aufzunehmen. Und so kamen die vor vielen Jahren schon verspürten guten Gefühle zurück, um Eri ganz zu erfüllen. Sie erinnerte sich an die ermutigenden Worte „So, wie du bist, bist du gut genug", und so hegte und pflegte Eri die Wurzeln aufs neue mit Sorgfalt, so daß das schöne Bäumchen weiter wachsen konnte.

Eri brachte nun allen, die ihr begegneten, ihre guten Gefühle entgegen. Sie strahlte zu den Herzen dieser Welt, wie es für sie bestimmt war.

Eines Tages erblickte sie ein Herz, das sie sehr neugierig machte. Sie bat sofort ihre guten Diener heran, um Zuneigung und Freude so ganz im stillen diesem anderen Herz zuzusenden. „Ich will es noch mal versuchen", dachte Eri und wünschte sich so sehr, mit diesem Herzen Verbindung aufzunehmen. Das andere Herz war durch das Strahlen auf Eri aufmerksam geworden, und so fanden sie sich und konnten die Gefühle der Freude und des Glücks in ihren offenen Herzen hin- und herfließen lassen. Es war in einer Zeit, als viele Blumen blühten und ihre Stengel neugierig nach den beiden ausstreckten. Und die Rose der Liebe öffnete für die beiden Herzen ihre zarten Blätter und zeigte ihre ganze Schönheit für ein glückliches und langes Leben.

Dieses Märchen endet, so wie alle Märchen enden:
Und wenn sie nicht gestorben sind, dann leben sie noch heute.

Nun, lieber Leser, bestimmt wirst auch du in deinem Herzen viele gute königliche Diener finden. Lasse sie strahlen für dich und die Menschen, die dir begegnen.

Dieter Troll

DER KÖNIG

In einem fernen Land lebte einst ein König, der sehr viele Besitztümer hatte. Er war ein stolzer König, hatte eine gute Ausstrahlung und war bei jedermann beliebt. Aber er hatte auch ein Problem; er konnte keine Verantwortung übernehmen. Alle Entscheidungen, die er treffen sollte, schob er auf andere ab, und wenn sich kein geeigneter fand, überließ er es dem Lauf des Schicksals. So mußte er sich über die Konsequenzen keine Gedanken machen.

Dieses Verhalten war allerdings nicht nur vorteilhaft für ihn. Seine Untertanen nutzten seine Schwäche oft schamlos aus, und so verlor er das, was wohl am schlimmsten für einen Menschen ist, nämlich seine Selbständigkeit.

Eines Tages wanderte der König durch sein Reich. Er war gut gelaunt und freute sich über den herrlichen Tag. Plötzlich stand eine Horde Menschen vor ihm. Er erschrak heftig über ihr Aussehen; sie waren in Lumpen gekleidet und ausgemergelt und sahen furchterregend aus. Ganz langsam kamen sie auf ihn zu. Da packte ihn die Angst, und er rannte schnell, so schnell, wie er noch nie gelaufen war, zurück zum Palast. Dort fragte er jeden, woher diese Menschen kamen und wer sie seien. Aber keiner war in der Lage, ihm eine Auskunft zu geben.

Und so zog er sich betrübt zurück und überlegte selber, wie es dazu kommen konnte. Und siehe da, es fiel ihm wie Schuppen von den Augen. Es gab vor einiger Zeit einen Antrag aus dem südlichen Teil seines Reiches, in dem geschrieben stand: „Sehr geehrter König! Wir wollen Sie herzlich bitten, den Mißstand in unserem Bezirk zu beheben, der durch die große Dürre entstanden ist." Damals hatte er das Schreiben an andere weitergegeben. Doch heute wollte er nicht länger zuschauen. Er befahl seinen Untertanen, Hilfe zu schicken und fuhr anderntags selbst dorthin.

Das sollte die erste Entscheidung sein, die er selbständig traf, und seitdem wußte er, daß es zwar schwierig ist, auch zu seinen Fehlern zu stehen, aber daß es unerträglich ist, machtlos zuzuschauen. Und so folgten noch viele Entscheidungen, für die er stets die Verantwortung übernahm. Und sein Land erblühte in Eintracht und Wohlstand.

Alexander Sachsenmaier

DER STERNPUTZERJUNGE

Es war einmal ein kleiner Sternputzerjunge, der zusammen mit seinen Kameraden und vielen Sternen am Himmel lebte. Jeden Tag polierte er mit seinem Lichttüchlein seine Sterne voller Hingabe, so daß sie am Abend dankbar und in voller Pracht schienen. Und dann sah man von der Erde aus zwischen den großen Sternen viele kleine Sterne blinken. Das waren die Augen der kleinen Sternputzerjungen, die zufrieden mit sich und ihrem Werk waren.

Eines Tages fragte unser kleiner Sternputzerjunge seinen besten Kameraden: „Hier oben haben wir soviel strahlendes, warmes und wohltuendes Licht. Von der Erde da unten aber strahlt uns nur kaltes Licht entgegen. Warum ist das so?" Der kleine Kamerad hatte schon des öfteren die Erde besucht und erwiderte: „Das ist elektrisches, lebloses Licht aus Röhren und Birnen. Das kann nicht strahlen und wärmen wie unsere Sterne hier oben. – Es gibt auch Lebewesen da unten – die Menschen. Aber die haben auch keinerlei Strahlfähigkeit."

Unser kleiner Sternputzerjunge war verwundert und verwirrt, aber auch neugierig geworden. Am nächsten Abend flog er nach getaner Arbeit zur Erde hinab; und nun sah er das leblose Licht überall und dazwischen die lichtlosen Wesen und bekam unendliches Mitleid mit den Menschen. Er nahm sein Lichttüchlein, das er immer bei sich trug und begann, ein Wesen liebevoll zu polieren, natürlich so vorsichtig, daß es nicht zu spüren war. Es dauerte eine Weile, doch dann schien mit dem Menschen eine Veränderung vor sich zu gehen. Die zwei Punkte, die man Augen nennt, begannen langsam, erst ein wenig und dann immer mehr zu strahlen. Beglückt über seinen Erfolg polierte unser kleiner Sternputzerjunge gleich das nächste lichtlose Wesen, und wieder gelang es, es zum Strahlen zu bringen. In dieser Nacht arbeitete er bis zur Erschöpfung. Er war glücklich und traurig zugleich. Glücklich, daß sein Tüchlein solche Wunder bewirkte und traurig, daß er nur ganz wenige Menschen zum Strahlen gebracht hatte. In dieser Gemütsverfassung kehrte er gegen Ende der Nacht zu seinen Kameraden zurück.

Diese aufmerksamen, kleinen Kerle hatten sehr wohl die lebendigen Lichter auf der Erde wahrgenommen. Auch hatten sie das Fehlen ihres kleinen Kameraden bemerkt, und als er ankam, verstanden sie sogleich seine Verfassung. Sein bester Freund sagte: „Auch wenn wir alle mitkommen und dir beim Polieren helfen, so schaffen wir es doch nie. Es gibt zu viele lichtlose Wesen auf der Erde. Und wir dürfen unsere Sterne hier oben auch nicht vernachlässigen." Unser kleiner Sternputzerjunge nickte traurig und wußte, daß sein Kamerad recht hatte.

Gespannt erwartete er die nächste Nacht. Er wollte schauen, ob wenigstens die von ihm zum Strahlen gebrachten Menschen noch zu sehen waren. Und tatsächlich – es kam vereinzelt ein warmes Licht nach oben. Doch was war das? Die strahlenden, warmen Lichtpunkte nahmen zu, vermehrten sich von Stunde zu Stunde? Fassungslos vor Staunen und Glück betrachtete unser kleiner Sternputzerjunge die Erde. Was geschah da unten? Auch sein bester Freund wußte keine Erklärung. „Ich muß selbst hinunter und schauen, was dort passiert," flüsterte er und flog hinab.

Und was sah er dort? Die Menschen mit den strahlenden Augen gingen freundlich und wohlwollend auf die lichtlosen Wesen zu. Und dieses Verhalten hatte genau die gleiche Wirkung wie sein Lichttüchlein – die Gegenüber strahlten zurück und brachten ihrerseits wieder jemanden zum Strahlen ...

Von dieser Nacht an erfreute sich unser kleiner Sternputzerjunge mit seinen Kameraden an den lebendigen Lichtpunkten, die von der Erde hochstrahlten. Und sah er sie einmal nicht – ja dann – das wußte er inzwischen – hatte sich nur eine Wolke vor die Erde geschoben.

Christina Bartschat

HERR SENFGIEBEL

In Burgratzhausen, in der Straße mit den vielen neuen Häusern, wohnte Herr Senfgiebel, der ständig an jedem und allem etwas auszusetzen hatte. Fast alle in seiner näheren Umgebung machten im Laufe der Zeit einen immer größeren Bogen um ihn herum, damit sie nicht sein ständiges Gemecker anhören mußten. So zog er sich immer mehr in seinen Garten zu den Blumen und Pflanzen zurück, denn beim Pflegen und Hegen konnte er sich so richtig ausmeckern. Die Pflanzen konnten ja keinen Bogen um ihn machen. Er schimpfte auf den Arbeitskollegen, den Vorgesetzen, ja es gab so gut wie nichts, an dem er nicht etwas auszusetzen hatte. Und die Pflanzen und Blumen hörten immer zu. Bei all seinem Gemecker kamen die Pflanzen aber nicht zu kurz, er pflegte, goß und säuberte sie. Er hatte ja auch Zeit dazu, denn es gab viel zu kritisieren.

In der gleichen Straße wohnte sein Nachbar, Herr Mundschenk, an dessen Grundstück er jeden Abend auf dem Nachhauseweg vorbeiging. Dabei hatte er festgestellt, daß Herr Mundschenk die gleichen Blumen- und Pflanzensorten in seinem Garten hatte wie er selber auch. In den letzten Monaten gewann Herr Senfgiebel immer mehr den Eindruck, daß die gleichen Gewächse bei Herrn Mundschenk besser wuchsen und gediehen. Vorige Woche stand Herr Mundschenk schmunzelnd in seinem Vorgarten, als Herr

Senfgiebel gerade von der Arbeit kam. Da fragte er: „Herr Nachbar, was machen sie nur mit ihren Pflanzen und Blumen, die gedeihen viel besser als meine?" „Ich", sagt Herr Mundschenk, „ich mache überhaupt nichts, außer daß ich mich halt ein bißchen mit ihnen beschäftige." Darauf sagt Herr Senfgiebel: „Sie haben doch garantiert ein Geheimrezept für ein Düngemittel!" Dabei war er vor Ärger schon wieder rot angelaufen, und seine Stimme wurde lauter. Wütend stapfte er davon. Herr Mundschenk schaute ihm kopfschüttelnd nach.

Gestern abend ging Herr Senfgiebel wieder an Herrn Mundschenks Grundstück vorbei. Gerade in dem Moment, als er hinter einem großen Busch war, hörte er Herrn Mundschenks Stimme. Herr Senfgiebel blieb stehen und lauschte, was er da hörte, verschlug ihm glatt die Sprache. Herr Mundschenk sprach mit seinen Pflanzen – unglaublich! Er sagte, er bewundere ihre Figur, ihren Wuchs, die Blätter, die wunderschöne Knospe, die Natürlichkeit und Anmut. Herrn Senfgiebel stockte der Atem, als Mundschenk plötzlich auch noch anfing, vor einem Rosenstock zu singen. Erst als auf dem Bürgersteig jemand näher kam, ging er weiter. Ein sehr nachdenklicher Herr Senfgiebel stand heute abend in seinem Garten. Ja, er war so nachdenklich geworden, daß er heute ganz das Meckern vergessen hatte, als er den Wuchs seiner Blumen mit denen von Herrn Mundschenk verglich. „Ob da etwas dran ist …?"

Karl Fuß

DAS SPRECHENDE FAHRRAD

Es war einmal ein kleiner Junge namens Benjamin, der jüngste von drei Geschwistern, ein Nachkömmling in der Familie. Die Eltern waren schon fast vierzig, und die beiden anderen Geschwister gingen schon zur Schule.

Benjamin war schon fast sechs Jahre alt und konnte noch immer nicht richtig radfahren. Das bedrückte den Kleinen, denn seine Freunde lachten über ihn, wenn er mit seinem alten Fahrrad zu ihnen kam, das schon viel zu klein für ihn war und bei dem die Schrauben der Stützräder so festgerostet waren, daß man sie nicht mehr entfernen konnte.

Außerdem war er beim Fahren immer der letzte, er kam den anderen nicht hinterher. Sie konnten alle viel schneller fahren als er, der noch immer die Stützen brauchte. An einem Sonntagnachmittag, kurz vor seinem sechsten Geburtstag, konnte er endlich seinen Vater überreden, das neue Fahrrad, das er zum fünften Geburtstag von seinem Patenonkel geschenkt bekommen hatte, einmal aus dem Keller zu holen, um das Fahren zu lernen.

Vater und Sohn begaben sich auf eine Ausfallstraße mit wenig Verkehr und begannen mit ihren Fahrübungen.

„Ich helfe dir beim Aufsteigen", sagte der Vater, „das Fahrrad ist neu, nicht, daß es gleich eine Beule bekommt." Als er den Jungen losließ, fing das Rad an zu wackeln, und der Junge sprang herunter. Nocheinmal half der Vater beim Aufsteigen und den ersten Pedaltritten und ließ dann los. Jedesmal, wenn der Junge bemerkte, daß der Vater losgelassen hatte, sprang er vom Rad herab, denn er wußte ja, daß er ohne „Stützen" noch nicht fahren konnte.

„Siehst du", sagte der Vater, „es war schon gut, daß ich das Fahrrad im Keller abgeschlossen hatte und den Schlüssel immer bei mir trug. Du kannst eben noch nicht ohne Stützen fahren." Der Vater war stolz auf seine Menschenkenntnis und auf die richtige Einschätzung des Könnens seines Sohnes. Der Sohn war über sein Nichtkönnen den Tränen nah, denn seine Freunde konnten das alles schon längst.

Da kam ein älterer Herr mit seinem Rad die Straße entlang gefahren, und als er die beiden beim Üben sah, sagte der ältere Herr: „Ach, hier habe ich auch radfahren gelernt", und lachte dem Jungen zu.

„Er lernt es nie", sagte der Vater und betonte immer wieder, wie neu das Rad noch sei und daß es nicht kaputtgehen dürfe. Der ältere Herr, die Kinder nannten ihn Onkel Theo, schaute eine Weile zu. Dann plötzlich sagte er zu dem Jungen: „Möchtest du es einmal mit meinem Rad probieren?" Der Junge stutzte, doch als er den aufmunternden Blick Onkel Theos sah, nickte er entschlossen. – „Mein Fahrrad kann sprechen", sagte der ältere Herr. „Du mußt nur darauf hören, was es dir sagen will. Wenn es anfängt zu wackeln, dann sagt es, daß du in die Pedale treten mußt. Du mußt nur darauf hören, was es sagt, und du wirst sehen, daß du es verstehst und sogleich damit fahren kannst."

Der Junge stieg auf, wackelte einige Male hin und her und radelte davon. Der Vater konnte es nicht glauben. Jetzt hatte der Junge ein nagelneues Rad, mit

18 Gängen, nach den neuesten Sicherheitsbestimmungen und konnte damit nicht fahren. „Ich tausche
mit ihnen oder kaufe ihnen ihr altes Rad ab", sagte er
zu Onkel Theo, der lächelnd darauf antwortete:
„Mein Fahrrad ist unverkäuflich. Es ist schon 70
Jahre alt. Und alle meine elf Kinder haben darauf das
Radfahren gelernt. Aber ihr Sohn kann auch auf seinem Rad fahren, das wird er ihnen gleich zeigen."

„Aber wieso kann er das denn so plötzlich?" fragte
der Vater. „Ach, wissen sie", sagte der alte Herr, „ich
habe ihren Sohn schon sooft mit seinem alten Fahrrad gesehen, wie sicher er fährt, und ich dachte, vielleicht ist ihm ein altes Fahrrad vertrauter als ein ganz
neues. Und ich vertraue auf Gott und weiß, daß er
ihrem Sohn einen Schutzengel mitschickt, und ich
vertraue mir, daß mir meine innere Stimme sagt, was
richtig ist. Ich vertraue meinem alten Fahrrad, das
zwar nicht mehr ganz den Sicherheitsbestimmungen
entspricht, aber es hat mich immer sicher nach
Hause gebracht."

„Und so ein klappriges Fahrrad geben sie meinem
Sohn", tobte der Vater, und er wollte seinem Sohn
hinterherlaufen, doch Benjamin war längst nicht
mehr zu sehen.

Als der Junge zurückkam, war er glücklich. Benjamin umarmte zuerst Onkel Theo und dann seinen
Vater. „Ich kanns, ich kanns", tanzte er zwischen
beiden hin und her, und jetzt weinte er wirklich –
doch dies waren Freudentränen.

Der Vater war von der Freude des Jungen so ange-
steckt und sagte zu ihm: „Du, dein Fahrrad kann
auch sprechen, es hat gerade gesagt, daß du es nach
Hause fahren sollst, sicher hatte es im Keller das
Sprechen nur verlernt, weil es keine Antwort bekam."

Der Junge stieg ohne Hilfe auf das Rad und radelte nach Hause. Der Vater dankte dem alten Herrn, doch dieser winkte ab und begann zu erzählen: „Es war einmal ein kleiner Junge namens Theo ..."

Birgit Fuß

Geschichten für die Kinderseele

Norbert Gürtler/Doro Kammerer
Stillwerden und entspannen
Übungen und Vorlesegeschichten zum Autogenen Training für Kinder
Band 4671
Diese Ruheübungen und Phantasiereisen vermitteln Kindern wie von selbst die Kraft der guten und mutigen Gedanken.

Karin Dörner
Auf einmal geht alles wie von selbst
Vorlesegeschichten zum Trösten und Mutmachen
Band 4553
Geschichten, die auf Ängste und Unsicherheiten eingehen.

Helga Hoff
Märchen geben Kindern Mut
Ein Buch zum Vorlesen, Malen, Spielen
Band 4385
Die kompetente Pädagogin lädt mit ihren Spielmärchen Kinder ein, der verunsichernden – weil für sie unverständlichen – Welt zu entkommen.

Karin Dörner/Christiane Nebel/Alexander Redlich
Geschichten für gestreßte Kinder
Vorlesegeschichten zum Entspannen und Mutigwerden
Band 4362
Abenteuer- und Alltagsgeschichten zum Miterleben.

Janusz Korczak
Der kleine König Macius
Eine Geschichte in zwei Teilen für Kinder und Erwachsene
Die vollständige Ausgabe
Band 4322
Das erfolgreiche Werk zeigt, wie Kinder Erwachsene sehen und was sie von ihnen und vom Leben erwarten.

HERDER / SPEKTRUM

Kinder lernen

Sabine Seyffert
Entspannte Kinder lernen besser
Vor dem Lernen erst den Streß beseitigen -
Übungen, Geschichten, Tips
Band 4637
Konzentrationsschwierigkeiten, Ängste, Konflikte sind häufig Auslöser
von Lernproblemen. Entspannungsübungen, die Spaß machen.

Maria Montessori
Wie Kinder zu Konzentration und Stille finden
Hrsg. von Ingeborg Becker-Textor
Band 4597
Elementar, tief und praktisch: Übungen, die Kindern helfen, sich zu
konzentrieren und die positive Wirkung der Stille zu erleben.

Christina Buchner
Kluge Kinder fallen nicht vom Himmel
Was Eltern alles tun können
Band 4573
Was zu welchem Zeitpunkt wichtig und richtig ist, zeigt Christina
Buchner an vielen praktischen Beispielen, Tips und Übungen.

Ingeborg Becker-Textor
Was in Kindern alles steckt
Begabungen entdecken und fördern -
Anleitungen nach Maria Montessori
Band 4561
Ein praktischer Ratgeber.

Roswitha Defersdorf
Ach, so geht das!
Wie Eltern Lernstörungen begegnen können
Band 4243
Damit die Lust am Lernen nicht zum Frust wird: Erprobte Hinweise,
wie Eltern ihrem Kind helfen können, Lernblockaden abzubauen.

HERDER / SPEKTRUM

Spiele für Kinder und Eltern

Richard Woolfson
Kinder und ihre Körpersprache
Wie Eltern die Körpersignale von Babies und Kindern besser verstehen
Band 4604
Eine Anleitung für Eltern, auch mit den Augen zu hören: Ein Muß für alle, die Kinder besser verstehen wollen.

Almuth Bartl
Das Sommer-Spiele-Spaß-Buch
150 tolle Ideen
Band 4603
Ob im Urlaub oder zu Hause, drinnen oder draußen: Spielideen, Lernspiele, Tips zum Basteln und vieles mehr.

Danelle Hickmann/Valerie Teurlay
101 tolle Spielideen für Zwischendurch
Band 4547
Spiele um Zeit zu überbrücken – für drinnen und draußen, für Kinder von eins bis sechs. Mit wenig Aufwand und einfachen Mitteln.

Gerhard Knecht
Streetball, Action, Abenteuer
Neue Spielideen für Kinder in der Stadt
Band 4543
Gerhard Knecht hat zusammen mit Kindern viele spannende Spielräume und Spielmöglichkeiten in der Stadt entdeckt.

Birgit Fuchs
Tortellini und Bambini
101 phantasievolle Beschäftigungen für Kinder, deren Eltern gerade etwas anderes zu tun haben
Band 4473
Für einen ungestreßten Alltag mit den Kleinen. Viel Vergnügen!

HERDER ╱ SPEKTRUM

Leben mit Kindern

Peter Veith
Eltern nehmen Kinder ernst
Die 7-Schritte-Methode zur Lösung von Familienkonflikten
nach Rudolf Dreikurs
Band 4640

Ein leicht anwendbares Programm, das hilft, in Konfliktsituationen
den Bedürfnissen von Eltern und Kindern gerecht zu werden.

Xenia Frenkel
Kindern Werte mitgeben
Worauf es ankommt und wie es gelingt
Band 4632

Emotionale und soziale Fähigkeiten sind ebenso wichtig wie Durch-
setzungskraft und Selbstbewußtsein, um im Leben erfolgreich zu sein.

Michael Rohr
Freiheit lassen – Grenzen setzen
Wie Eltern Sicherheit gewinnen und ihren Kindern Halt geben
Band 4618

Eine Ermutigung für Eltern, mit den Kindern zusammen das sensible
Gleichgewicht zwischen Freiheit und Begrenzung immer wieder neu
zu finden.

Rebeca Wild
Kinder wissen, was sie brauchen
Band 4605

Wie Eltern umdenken können: Um ihre Anlagen zu entwickeln und
glücklich zu sein, brauchen Kinder viel weniger, als Erwachsene oft
denken.

Daniela Blickhan
Nerv nicht so, Mama!
Wie Eltern sich und ihren Kindern mit NLP helfen können
Band 4535

NLP hilft in schwierigen Situationen Kinder besser zu verstehen.

HERDER / SPEKTRUM

Sylvia Näger
Eltern dürfen mitspielen
101 Anregung für drinnen und draußen
Band 4465

Tips, Informationen und ein ganzer Sack voll Spielideen: für die ganze
Familie und nicht nur fürs Kinderzimmer.

Charles A. Smith
Hauen ist doof
Miteinanderspiele – Anregungen und Tips für Eltern und
Erziehende
Band 4460

Spielen ohne Aggression: wie Kinder ganz nebenbei lernen, Gefühle zu
zeigen, sich zu verständigen und Hilfe anzubieten. Phantasievolle
Spielideen für Kids.

Almuth Bartl/Manfred Bartl
Kribbel-Krabbel-Kuschelspiele
Spiel und Spaß für kleine Mäuse
Band 4434

Phantasievolle Spielideen ohne viel Material für den Alltag und für
Feste mit Kindern von eins bis vier.

Marcella Barth
Zärtliche Eltern
Wie Kinder Nähe erfahren und Freude am Körper erleben
Mit Fotos von Ursula Markus
Band 4418

Wenn Eltern und Kinder miteinander spielerisch die Sinne erkunden,
stärkt das Selbstvertrauen und Vertrauen auf andere.

Renate Zimmer
Schafft die Stühle ab!
Bewegungsspiele für Kinder
Band 4345

Kinder wollen laufen, springen und toben. Bloß wo? Mit einfachen
Veränderungen kann man Wohnungen, Garten und Hof freier und
offener gestalten.

HERDER / SPEKTRUM

Xenia Frenkel
Was tut die Bananenschale unterm Bett?
Im Kinderchaos Nerven bewahren und Spielregeln finden
Band 4499

Kinder brauchen das kreative Chaos, aber auch klare Grenzen. Wie
Eltern bestimmte Regeln schaffen können.

Walter Pacher
Wenn Kinder keine Grenzen kennen
Konflikte lösen ohne Machtanwendung
Band 4494

Wie die Methode der Familienkonferenz erfolgreich sein kann, zeigt
Walter Pacher mit vielen Beispielen und Übungen.

Marianne Arlt
Pubertät ist, wenn die Eltern schwierig werden
Tagebuch einer betroffenen Mutter
Band 4100

Wenn Kinder „in die Jahre kommen", ist der Familienfrieden dahin.
Von heftigen Erfahrungen und wie man ganz gut mit ihnen leben kann.

Marianne Arlt
Welt, ich komme!
Der Pubertät 2. Teil
Tagebuch einer entnervten Mutter
Band 4411

In der 2. Hälfte der Pubertät geht es erst richtig los. Da hilft nur eins:
Raus mit den Kids! Denn draußen pulst das wahre Leben, hart, aber
gerecht.

Antje Friese/Hans-Jürgen Friese
Aufregen hilft nicht, Mama!
Wie Eltern die großen Probleme ihrer Kinder verstehen und
helfen können
Band 4359

Gestörte Verhaltensweisen von Kindern sind oft ein Hinweis auf verbor-
gene Probleme. Eltern sollten lernen, diese zu erkennen und hilfreich
darauf einzugehen.

HERDER / SPEKTRUM